城郭研究家
濱口和久

# 戦国の城と59人の姫たち

## もう一つの名城物語



並木書房

# はじめに

日本全国には数えきれないほどの城（城跡を含む）が存在する。城には、それぞれの歴史がある。

通常、城というと、戦国武将を連想する人が多い。なぜなら、戦国映画や戦国ドラマの中で描かれる築城シーンには必ず戦国武将が登場するし、籠城戦（攻城戦）などの城を舞台とした合戦シーンでも、城を攻める側、守る側の双方に戦国武将が登場するからではないだろうか。

だが、本書では、戦国武将ではなく、姫君たちの生涯に焦点をあててみた。

人生は自分の思い通りにいかない場合が多いが、戦国の世を生きた姫君たちも同様だった。

平成二九（二〇一七）年のNHK大河ドラマの主人公である井伊直虎《いいなおとら》のように、井伊氏のお家を守るため、女でありながら男の名前を名乗り、家督《かとく》を継ぎ女城主となった姫君もいる。寧々《ねね》やお江《ごう》のように、関白や将軍の妻となった幸運な姫君がいる一方、戦国武将とともに命を落とした姫君や、人質・政略結婚の道具に利用された姫君は数知れない。甲斐姫《かいひめ》のように戦国武将も顔負けのたくましく、勇ましい姫君もいた。

姫君たちにとって、戦国の世は、みずからの意思で人生を選択できなかった時代であり、戦国武将の運命に左右されてきた。

織田信長の妹のお市《いち》の方《かた》は、政略結婚で浅井長政《あざいながまさ》に嫁いだ。ところが、信長が小谷城《こたに》（滋賀県長浜市）を攻略し、落城すると、三人の娘（茶々《ちゃちゃ》・お初《はつ》・お江）を連れて実家の織田氏に戻った。信長亡き後は、織田氏家臣の柴田勝家《しばたかついえ》に嫁いだが、それもつかの間、北ノ庄城（福井県福井市）が羽柴（のちの豊臣）秀吉に攻められると、秀吉軍に三人の娘を届けさせ、勝家とともに北ノ庄城で自刃《じじん》して亡くなった。

お市の方の人生は、典型的な嫁いだ先の戦国武将の運命に大きく左右されたといえるだろう。詳しくは、「小谷城・北ノ庄城と『お市の方』」（三七頁）を読んでもらいたい。

お市の方に限らず、本書に登場する五九人の姫君の生涯から戦国の世の厳しい現実の姿が見えくる。

ところで、戦国武将と城をテーマにした書籍は数多く出版されている。姫君と城をテーマにした書籍はあまりない。姫君の生涯があまり顧みられることがなかったせいもしれないが、今後は姫君と城をテーマにした書籍は増えてくるだろう。

本書は読者がとくに興味、関心があるだろう姫君をとりあげた。そして、それぞれの姫君の生涯を分かりやすく説明するため、内容が一部重複している部分もある。戦国武将や姫君を身近に感じてもらおうと考え、過去のＮＨＫ大河ドラマに登場した戦国武将や姫君の役を演じた俳優や女優も本書の中で紹介している。なお織田信長、豊臣秀吉、徳川家康は、彼らを演じた俳優が多数いるので紹介を省いた。

戦国武将の活躍や、天守の美しさ、積み上げられた石垣、遺構だけに注目するのではなく、城にまつわる姫君たちの生涯にも思いをはせながら城をめぐれば、いつもとは違った城の姿がそこには見えてくるだろう。そのときのお供の一冊として本書を活用してもらえればありがたい。

最後に、本書は産経新聞社が発行する夕刊フジに毎週一回連載していた「名城と女」に加筆および一部修正を行ない一冊にまとめたものである。連載中は夕刊フジの矢野将史氏に大変お世話になった。また、今回の出版は並木書房社長の奈須田若仁氏のお陰だ。心から感謝を申し上げる次第である。

平成二八年一一月

濱口和久

# 戦国の城と59人の姫たち

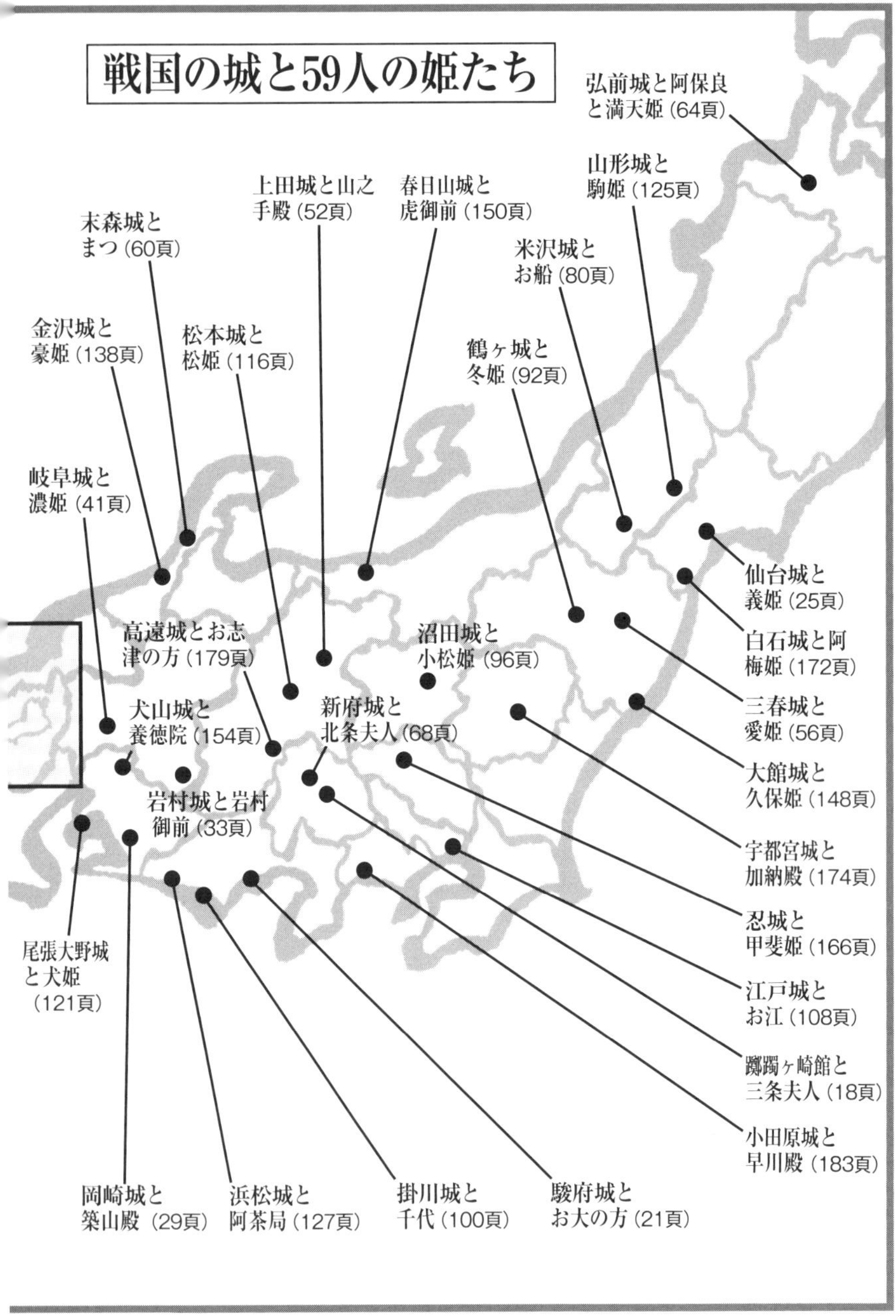

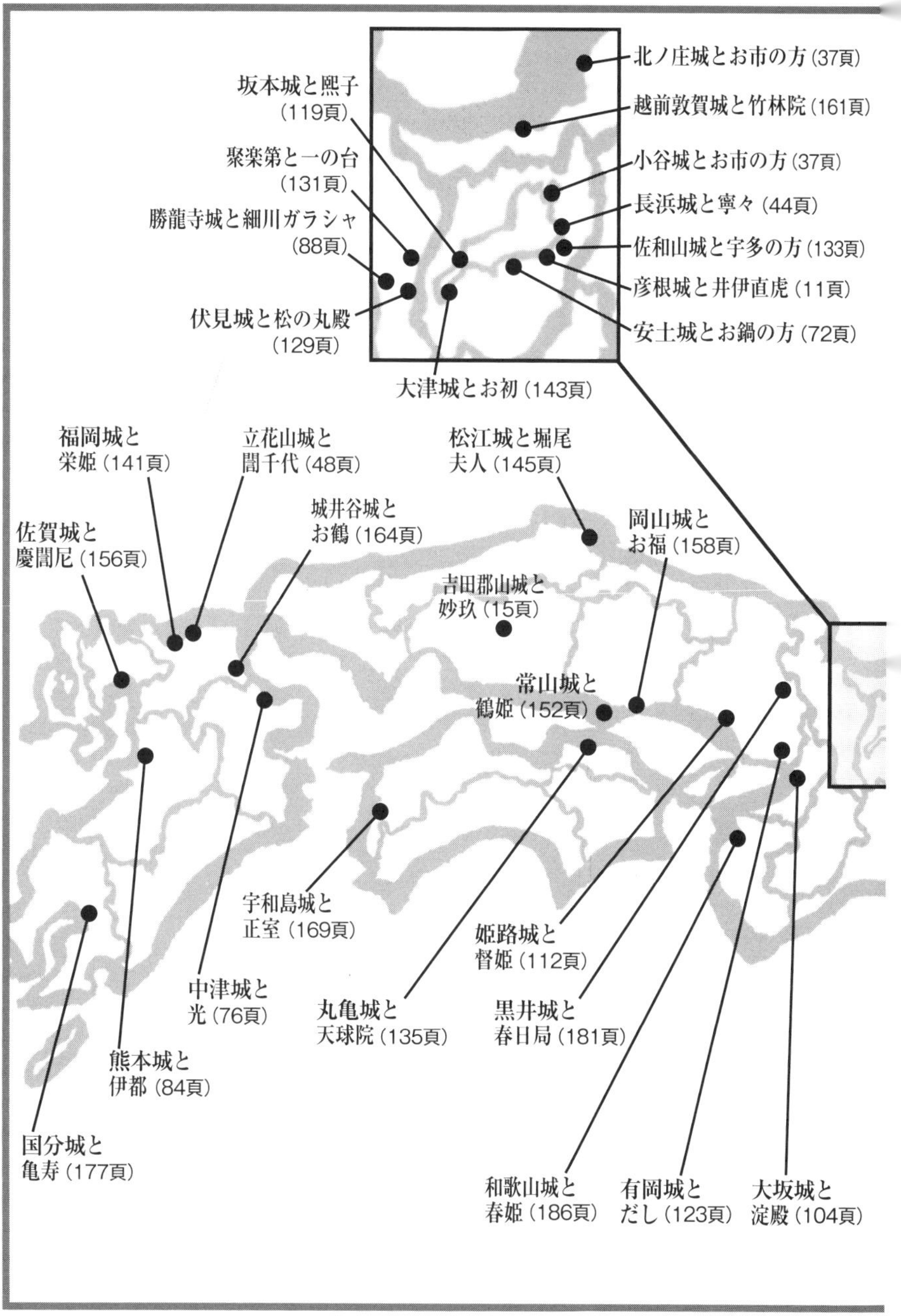
北ノ庄城とお市の方（37頁）
坂本城と煕子（119頁）
越前敦賀城と竹林院（161頁）
聚楽第と一の台（131頁）
小谷城とお市の方（37頁）
長浜城と寧々（44頁）
勝龍寺城と細川ガラシャ（88頁）
佐和山城と宇多の方（133頁）
彦根城と井伊直虎（11頁）
伏見城と松の丸殿（129頁）
安土城とお鍋の方（72頁）
大津城とお初（143頁）
福岡城と栄姫（141頁）
立花山城と誾千代（48頁）
松江城と堀尾夫人（145頁）
城井谷城とお鶴（164頁）
佐賀城と慶誾尼（156頁）
岡山城とお福（158頁）
吉田郡山城と妙玖（15頁）
常山城と鶴姫（152頁）
宇和島城と正室（169頁）
姫路城と督姫（112頁）
中津城と光（76頁）
丸亀城と天球院（135頁）
黒井城と春日局（181頁）
熊本城と伊都（84頁）
国分城と亀寿（177頁）
和歌山城と春姫（186頁）
有岡城とだし（123頁）
大坂城と淀殿（104頁）

目次

# 彦根城と女城主「井伊直虎」

## 女を捨て男として生きる

井伊《いい》直政《なおまさ》が「徳川四天王」の一人として活躍するまでには、ある女性の存在が大きかった。

南北朝時代から遠江国井伊谷《とおとうみのくにいいのや》（静岡県浜松市引佐町）を治めていた国人《こくじん》の井伊氏は、戦国時代の荒波のなかで存亡の危機に直面していく。

この状況を打破するために、女惣領《おんなそうりょう》となって井伊氏を支え、直政を世に出したのが、義《ぎ》叔母《おば》で養母でもある次郎法師《じろうほうし》、のちの井伊直虎《なおとら》だ。平成二九（二〇一七）年のＮＨＫ大河ドラマ「おんな城主 直虎」では直虎を柴咲コウが演じている。

次郎法師は、今川氏の属将《ぞくしょう》だった井伊直盛《なおもり》の娘として誕生する。男の子に恵まれなかった直盛は、叔父の直満《なおみつ》の息子である亀之丞《かめのじょう》を婿養子に迎えて、将来は家督《かとく》を継がせようとした。

だが、この結婚を喜ばない重臣がいた。今川氏の附家老《つけがろう》の小野和泉守《おのいずみのかみ》である。彼は直満と仲が悪く、もし亀之丞が跡を継げば、直満が井伊氏を掌握し、自分は放墜《ほうつい》されると恐れたからだ。

天文一三（一五四四）年、小野和泉守が今川義元《よしもと》に、「直満と弟の直義《なおよし》が、今川氏に逆意を抱いている」と讒言《ざんげん》した。すると、義元は、直満と直義を駿府《すんぷ》城（静岡県静岡市）に呼び出して殺害する。このとき、義元は九歳だった亀之丞の命まで奪おうとした。

そこで、亀之丞は、信州伊那《いな》郡に身を隠して一一年間を過ごすこととなる。亀之丞は弘治元（一五五五）年に帰還するが、身を隠しているあいだに、奥山親朝《おくやまちかとも》の娘と結婚してしまう。許嫁《いいなずけ》の裏切りは、次郎法師にとって、いたたまれなかったに違いない。

直盛は、井伊氏を継ぐ資格者が他にいなかったため、やむなく亀之丞を養子とし、直親《なおちか》と名乗らせる。

永禄三（一五六〇）年五月、直盛は義元の上洛《じょうらく》に従軍すると、桶狭間《おけはざま》の合戦で織田信長《のぶなが》の奇襲攻撃に遭い、義元とともに討ち死にしてしまう。

直親が井伊氏の跡を継ぐと、翌年二月に虎《とら》松《まつ》（のちの直政）が生まれる。本来ならば、直親と結婚して、井伊氏の跡取りを産むのは、自分であると考えていただけに、次郎法師は複雑な思いがあった。

許婚の裏切り、父の死、虎松の誕生と続くなか、次郎法師は失意のまま尼《あま》になることを決意するが、彼女にとって、思わぬ展開が始まっていくのである。

次郎法師は、井伊氏の菩提寺の龍潭寺《りゅうたんじ》（静岡県浜松市）の南渓和尚《なんけいおしょう》から予想もしなかったことをいわれる。

「出家することは認める。しかし男となれ」

これには次郎法師も驚いたが、南渓和尚から「直親が家督を継ぎ、嫡男《ちゃくなん》の虎松も生まれたが、井伊氏の将来が安泰《あんたい》なわけではない。井伊氏本家の血を引く者は、そなたしかいない。井伊氏本家のためにも、そなたを男として温存しておく必要がある」といわれて納得し、尼ではなく僧として出家する。

彦根城天守（国宝）

僧は男であり、還俗《げんぞく》すれば井伊氏を相続することができる。しかし、尼だと、環俗しても家督を継ぐことができないからだ。

南渓和尚が危惧したことが現実のこととなる。

小野和泉守の子で、今川氏の附家老だった小野但馬守《たじまのかみ》が、義元の死により今川氏の家督を継いだ氏真《うじざね》に「直親は密かに松平（のちの徳川）家康だけでなく、信長とも通じ、陰謀を企てている」と讒言したのだ。

直親は、嫌疑を晴らすため、氏真のいる駿府城に向かうが、途中で氏真の家臣に襲われ、殺されてしまう。

まだ二歳の虎松にも、身の危険が迫ると、井伊氏の重臣によって匿《かくま》われる。

井伊氏の緊急事態に、井伊氏本家の跡を継いだのは、次郎法師の曾祖父の直平《なおひら》だったが、直平も今川氏によって毒殺されてしまう。すると、虎松の所在までもが今川氏にばれそうになり、虎松は僧籍《そうせき》に入った。

以上のような経緯を経て、永禄八（一五六五）年、次郎法師は直虎と名を変えて、井伊氏を相続し、女惣領となる。

直虎は、許婚の直親の遺児である虎松を養子として育て、天正三（一五七五）年、虎松が一五歳になったとき、家康との面会を果たす。

家康は直虎に、井伊氏の長年の苦労をねぎらい、虎松の徳川氏への出仕《しゅっし》を許し、三〇〇石を与えた。

天正一〇（一五八二）年八月二六日、直虎が亡くなると、虎松が家督を継ぎ、名を直政と改める。直虎の墓は、許婚の直親の隣にある。

井伊氏は徳川の治世になると、直政の功績もあり彦根藩三五万石となり、譜代《ふだい》大名の筆頭格となった。これもすべて女を捨て、男として生きた直虎の存在が大きかった。

【所在地】滋賀県彦根市金亀町一の一
【交通アクセス】ＪＲ東海道線「彦根」駅から徒歩約一〇分

# 吉田郡山城と毛利元就の正室「妙玖」

## 一族を支えた内助の功

中国地方の覇者となった毛利元就《もうりもとなり》は、晩年、長男の隆元《たかもと》に宛てた書状のなかで、合戦に奔走した自身の人生を踏まえて「妻がしっかりと家を守ってくれるからこそ、自分は安心して外で力を出せるのだ」と告白している。この言葉は、時代が変わっても、男性にとっては理想的な家庭像だろう。平成九（一九九七）年のＮＨＫ大河ドラマ「毛利元就」では元就を歌舞伎俳優の中村芝翫《しかん》が、妙玖《みょうきゅう》を富田靖子が演じている。

　では元就の妻はどのような人物だったのか。

　明応八（一四九九）年、安芸《あき》国（広島県）の国人《こくじん》の吉川国経《きっかわくにつね》の娘として生まれた妙玖は、一九歳のとき、二歳年上の元就のもとに嫁ぐ。二人は政略結婚だったが、妙玖が存命中は、元就は側室を持たなかった。

　毛利氏は尼子《あまこ》氏に仕えていたが、居城《きょじょう》の吉田郡山《こおりやま》城（広島県安芸高田市）の防備を強化するため、全域に郭《くるわ》や空堀《からぼり》などを張り巡らし、山岳要塞化すると、尼子氏からの独立を宣言する。

　これに怒った尼子氏は、天文九（一五四〇）年九月、尼子軍約三万人の軍勢で吉田郡山城に攻め寄せてきた。これに対し、毛利軍は約二五〇〇人の兵力で迎え撃った。このとき、毛利軍は非戦闘員の領民まで収容したため、総勢八〇〇〇人で籠城する。

　尼子軍は山麓《さんろく》の侍屋敷や民家に放火した

後、城への攻撃を開始するが、毛利軍の激しい抵抗にあい、一進一退の攻防が続いた。

妙玖は籠城方の大将奥方として、眠る間もなく婦女子の世話にあたり、負傷兵の救護にあたった。

尼子軍の総大将の尼子晴久《はるひさ》は、指揮官としての経験不足から、次第に尼子軍は足並みが乱れていく。この間隙を衝いて、毛利軍は尼子軍の陣地に対して奇襲をかけていった。尼子軍は死傷者も増えるなか、厭戦《えんせん》気分も漂い始める。

最後は、五カ月の籠城の末、尼子軍は食糧が底をつき、撤退したため、毛利氏は敗北を免れた（郡山合戦）。

この合戦を起点として、元就は中国地方で勢力を拡大していく。そして、二男の元春《もとはる》を吉川氏へ、三男の隆景《たかかげ》を小早川氏へと次々に養子として送り込み、毛利氏への吸収合併の策にでる。

毛利一族の結束を固めながら、合戦と謀略に明け暮れる元就を内助の功で支え続けた妙玖は、家中を取り仕切る良妻賢母であった。

だが、心労がたたったのか、天文一四（一五四六）年、四七歳で病死する。

元就にとって、妙玖の死はよほどショックだったようで、喪が明けると、隆元に家督《かとく》を譲って隠居してしまう。

元就は還暦の年に、隆元、元春、隆景に対して、守るべき教訓「三子教訓状《さんしきょうくんじょう》」を書き遺している。そのなかで、「毛利」の二文字を末代まで絶やしてはならぬ。三人のあいだが少しでも仲が悪くなれば、三人ともども滅亡すると戒め、隆元は元春、隆景を力と頼み、元春、隆景は毛利のために働くことを心に念

吉田郡山城本丸跡

じるように求めた。

そして、亡き妙玖を持ち出し、「母の死を悼《いた》んで、供養を怠らないように」と命じ、吉田郡山城内に建てた妙玖の菩提寺を参拝することが、三兄弟の結束の証しとした。

ちなみに、「三《さん》矢《し》の訓《おしえ》」の逸話は有名だ。元就が病床に伏しているときに、三兄弟を枕元に呼び寄せ、「一本の矢では簡単に折れるが、多数の矢を束ねると容易に折れないので、三人がよく心を一つにすれば毛利氏が滅びることはない」と教えたとされる。

この逸話は作り話であるが、「三子教訓状」の精神そのものであり、現代でも団結心を鼓《こ》舞《ぶ》するときなどによく使われている。

【所在地】広島県安芸高田市吉田町吉田字郡山

【交通アクセス】JR芸備線「吉田口」駅からバスで約二〇分「市役所前」下車、徒歩約五分

# 躑躅ケ崎館と信玄の正室「三条夫人」

時代に翻弄された京の姫様

戦国時代最強の武将といわれた武田信玄《しんげん》の妻となったのが三条夫人《さんじょうふじん》だ。なぜ、京の都から遠く離れた甲斐《かい》国（山梨県）に、摂関家《せっかんけ》に次ぐ清華《せいが》七家に列する三条家の娘である三条夫人が嫁いだのか。

京都の公家衆《くげしゅう》たちと付き合いの深い駿府《すんぷ》（静岡県静岡市）の今川義元《よしもと》に、信玄の姉が嫁いでいた。義元の仲介で、信玄は一六歳のときに三条夫人を妻に迎え入れる。昭和六三（一九八八）年のNHK大河ドラマ「武田信玄」では信玄を中井貴一が、三条夫人を紺野美沙子が演じている。

ちなみに、三条夫人の姉は細川氏本家当主の晴元《はるもと》の正室で、妹には石山本願寺《いしやまほんがんじ》第一一世顕如《けんにょ》の妻となった如春尼《にょしゅんに》がいる。

三条夫人が甲斐国に嫁いだことで、躑躅《つつじ》ケ《が》崎館《さきやかた》（山梨県甲府市）は京の香りが漂い、信玄も三条夫人の影響を受け、和歌や文学を嗜《たしな》むようになった。

信玄は三条夫人を正室とし、何人かの側室をもったが、三条夫人はそのことで信玄に当たることはなかった。ただ、歴史小説の多くが、三条夫人を嫉妬深く、性格が悪い女として描いたため、イメージは良くない。実際は、おしとやかなお姫様であったようだ。

三条夫人は長男の義信《よしのぶ》を一八歳、二男の竜宝《りゅうほう》を二一歳、長女の黄梅院《おうばいいん》を二三歳で産む。

躑躅ヶ崎館跡（武田神社）

義信は天文一九（一五五〇）年に、義元の娘を正室に迎える。竜宝は目が不自由で、僧となるべく修行に励んだ。黄梅院は天文二三（一五五四）年、小田原の北条氏政《ほうじょううじまさ》に嫁ぐ。三条夫人にとって、娘の黄梅院が嫁いだことによる寂しさはあったが、このころが、もっとも静穏で、精神的にも安定していたときでもあった。信玄が上杉謙信《けんしん》と川中島（長野県長野市）で合戦を繰り広げていたのもこのころだ。

だが、いつまでも静穏な生活は続かなかった。永禄三（一五六〇）年五月、躑躅ケ崎館に悲報が伝えられる。義元が織田信長の奇襲を受け、尾張《おわり》国・桶狭間《おけはざま》（愛知県豊明市）で横死《おうし》したのだ。

このとき、三条夫人は、義元の死に大きなショックを受けただけでなく、嫌な胸騒ぎを覚える。

義元の正室は、信玄の姉であり、義元の子の氏真《うじざね》は、信玄にとって甥にあたり、義信の正室には義元の娘を迎えていたが、信玄の性格からして、義元亡き後、今川領に侵攻するのではないかという心配だ。

さらに信玄は、側室の諏訪御料人《すわごりょうにん》が産んだ四男の勝頼《かつより》の妻に、信長の養女を迎えようとした。これに対して、義信が強硬に反対するのは当然である。なぜなら、信長は、義父にあたる義元を殺した仇敵《きゅうてき》なのだから。

信玄と義信が「勝頼の婚儀問題」で対立すると、義信は謀反《むほん》の嫌疑をかけられ、幽閉《ゆうへい》されてしまう。信玄とのあいだのわだかまりは解消できないまま、永禄一〇（一五六七）年、三〇歳で自刃《じじん》した。そして、信玄は義信の妻を今川氏に追い返してしまった。

翌年、信玄は今川氏との同盟を破棄して、駿府を攻略する。このとき、今川氏真の妻は北条氏から嫁いでいた。怒った北条氏は、氏政の正室となっていた黄梅院を離縁させた。

黄梅院は四人の子供たちの母親であったが、離れ離れになったショックから二七歳の若さで病没した。

三条夫人の嫌な胸騒ぎが、現実となってしまったのである。信玄の一連の行動は、三条夫人を不幸のどん底に陥《おとし》れたに違いない。

三条夫人はお腹を痛めて産んだ子供二人を失うと、みずからも生きる望みをなくし、元亀元（一五七〇）年七月二八日、躑躅ケ崎館で、五〇歳の生涯を終えた。

【所在地】山梨県甲府市古府中町二六一一
【交通アクセス】ＪＲ中央本線「甲府」駅からバス約八分「武田神社」下車、徒歩すぐ

# 駿府城と徳川家康の母「お大の方」
## ――一六年ぶりに親子再会

徳川家康を産んだお大《だい》の方《かた》は、戦国の世において、お家の生き残りのために利用された女性といえるだろう。

お大の方は、享禄元（一五二八）年、尾張《おわり》国（愛知県西部）の緒川《おがわ》城（知多郡東浦町）を本拠とする水野忠政《みずのただまさ》とお富《とみ》の方《かた》とのあいだに生まれた。

忠政は三河《みかわ》国（愛知県東部）の一部も領有していた。そのため、弱小とはいえ一定の勢力を三河国に持っていた岡崎城（岡崎市）を本拠とする松平清康《きよやす》の求めに応じて、お富《とみ》の方と離縁し、清康に嫁がせた。お大の方は、母のお富の方の連れ子として清康の子となる。

清康には嫡男《ちゃくなん》の広忠《ひろただ》がいた。広忠とお大の方は、血がつながっていなかったが、兄妹のように仲よく育った。

天文四（一五三五）年、清康が家臣に暗殺されると、松平氏は窮地に立たされる。東からは駿府《すんぷ》城（静岡県静岡市）を本拠とする今川義元《よしもと》、西からは清洲《きよす》城（愛知県名古屋市）を本拠とする織田信秀《のぶひで》が、三河国に手を伸ばしてきたのだ。

最後は織田軍の攻撃に耐えきれず、松平氏は岡崎城を捨てることになる。そして、一年半の流浪《るろう》の生活を経て、ふたたび岡崎城に戻った。この間、お大の方は腹ちがいの兄の水野信元《のぶもと》の居城である刈谷《かりや》城（愛知県刈谷市）

に身を寄せていた。

天文一〇（一五四一）年、松平氏の家督《かとく》を継いだ広忠は、お大の方と結婚する。兄妹として育てられた二人だったが、この結婚は、今川氏、織田氏とのあいだに挟まれた松平氏と水野氏が力を合わせて戦国の世を生き残るための政略結婚であった。翌年生まれたのが家康（幼名・竹千代《たけちよ》）だ。

家康が三歳のとき、広忠とお大の方を引き裂く出来事が起きる。

広忠は今川氏に恭順《きょうじゅん》の意思を示し、三河国の領地を治めていた。ところが、松平氏と同盟関係にある水野氏が今川氏に反旗を翻し、織田氏に寝返ったのである。

水野氏から嫁いだお大の方を正室として置いておくことは、お家にとってマイナスになると判断し、広忠は、お大の方と離縁する。家康は三歳にして、お大の方と離れ離れとなるのである。

広忠と離縁することになったお大の方は、家康を岡崎城に残したまま、刈谷城に戻ることになった。

その後、政略結婚で、織田信秀に味方する久松俊勝《ひさまつとしかつ》と再婚するが、家康のことを忘れることはなかった。

お大の方に代わって家康を養育したのは、家康の祖父の清康《きよやす》の妹であるお久《ひさ》だ。お久もお大の方と同様に、夫が松平氏に背《そむ》いたため、離婚して岡崎城に戻っていた。お久は家康を自分の子のように愛情を注いで育てた。

家康が六歳になると、今川氏の人質として駿府城に向かう。ところが、家臣の裏切りで織田氏の人質となり、万松寺《ばんしょう》（愛知県名古屋市）に預けられる。

駿府城東御門

　お大の方の住む阿久比城《あぐい》（愛知県阿久比町）と万松寺とは近かったため、お大の方はひそかに侍女を遣わして、家康のために、着物や菓子などを届けさせた。

　織田氏の人質を二年で解放されると、今度は今川氏の人質となった。家康は祖母のお富の方を今川氏の許可を得て駿府城に呼び寄せる。心細い人質生活のなか、お富の方の存在は、家康にとって心強い存在だった。

　永禄三（一五六〇）年五月、家康とお大の方が一六年ぶりに再会する機会が訪れる。今川義元の上洛《じょうらく》に際し、出陣した家康は、阿久比城を訪れたのだ。俊勝は織田氏に味方していたが、お大の方の願いを聞き入れ、ひそかに家康を城に入れた。

　家康とお大の方は、周りの目も気にせず、いつまでも抱き合い涙する。そして、家康は別れる辛さを我慢しながら城をあとにした。

二日後、義元が織田信長の奇襲により桶狭《おけはざ》間《ま》で横死《おうし》した。すると、今川氏の人質から家康は解放され、自分が生まれた岡崎城に入城する。

その後、家康は信長と同盟を結ぶと、俊勝とお大の方の三人の息子に松平姓を与えて家臣とし、お大の方を母として迎えた。お大の方は俊勝の死後、剃髪《ていはつ》して伝通院《でんつういん》と号した。

慶長五（一六〇〇）年の関ケ原の合戦から二年後の五月、家康は、お大の方を駿府城から伏見《ふしみ》城（京都市伏見区）に招く。その三カ月後、伏見城で家康に見守られながら、七五歳の生涯を終えた。

【所在地】静岡県静岡市葵区駿府公園一の一
【交通アクセス】ＪＲ東海道本線・東海道新幹線「静岡」駅から徒歩約一〇分

# 仙台城と伊達政宗の母「義姫」

### 毒を盛った子に看取らて

最上《もがみ》義光《よしあき》の妹の義姫《よしひめ》が、米沢《よねざわ》城（山形県米沢市）主だった伊達《だて》輝宗《てるむね》に嫁いだのは一八歳のときである。

義姫が輝宗に嫁いで間もなく、父の最上義《よし》守《もり》と、兄の義光が対立する。義守が家督《かとく》を義光ではなく、弟の義時《よしとき》に譲ろうとしたことが原因だった。輝宗は義守に味方したが、義姫は義光を尊敬しており、親子の対決に苦しんだ。

最後は、義守と義光は和解し、義姫をほっとさせる。そして、永禄一〇（一五六七）年八月、政宗《まさむね》が誕生する。

義姫は、お腹の中に政宗がいるとき、文武の才と忠孝に厚い嫡男《ちゃくなん》の誕生を湯殿山《ゆどのさん》に祈らせた。夜の夢に白髪の僧が立ち、宿を胎内《たいない》に借りたいと請い、生まれてきたのが政宗だといわれている。

政宗は五歳のとき、疱瘡《ほうそう》を患い、右目を失明した。このことが政宗を粗暴な性格にしてしまう。義姫は政宗への愛情が薄れるなか、三一歳のとき、小次郎《こじろう》を産む。すると、完全に政宗から気持ちが離れ、小次郎を溺愛《できあい》するようになった。

それに対して、輝宗は、政宗の武将としての資質を見抜き、多くの高名な儒学者や僧を米沢城に招き、政宗の教育係とした。また、米沢八幡社の神官の子である片倉小十郎景綱《かたくらこじゅうろうかげつな》の才能に目をつけ、政宗の側近として仕えさせた。

天正二（一五七四）年、今度は義光と義時とのあいだで、兄弟喧嘩（＝戦争）が勃発する。輝宗は義時に味方し出陣したが、「最上家中の兄弟喧嘩に首を突っ込まないでほしい」と書いた手紙を義姫が輝宗に送ると、願いを聞き入れ、米沢城に帰還した。

そして、輝宗は、天正一二（一五八四）年、一八歳になった政宗に家督を譲る。

翌年、輝宗は不意を衝かれ、二本松城（福島県二本松市）の城主の畠山義継《はたけやまよしつぐ》に、自邸において拉致される。

政宗率いる伊達勢は、輝宗の救援奪還に向かった。阿武隈川《あぶくま》を渡って畠山領内に入ろうとすると、輝宗の「予にかまわず鉄砲で撃て」と命令し、義継とその家臣らを銃撃した。このとき、輝宗にも伊達勢が放った銃弾が当たり、命を落とす。

ただでさえ、政宗のことをよく思っていない義姫は、輝宗を助けることができなかった政宗を恨むようになる。

一方、輝宗を自分の対応のまずさで亡くしても、政宗の粗暴な性格は改まらなかった。

輝宗の死から三年後の天正一六（一五八八）年、政宗は奥州探題《おうしゅうたんだい》の末裔《まつえい》である大崎義隆《おおさきよしたか》を攻める。このとき、義姫の兄である義光が大崎氏に加勢したため、政宗と義光は、伊達領と最上領の国境《くにざかい》で対峙することになる。

義姫は争いを止めさせようと、両軍の陣の真ん中に仮屋を建てて、居座ると、「両軍が戦うならば、まずは私を殺しなさい」とすごんでみせたのだ。

両軍は約二カ月にわたってにらみ合いを続けたが、義姫の態度に両軍は争うことを止

仙台城大手隅櫓

め、和睦《わぼく》が成立し、軍を引いた。実家と婚家の対立という重大事を回避させたのは、義姫の決断と行動のたまものといえるだろう。

天正一八（一五九〇）年、豊臣秀吉が小田原城（神奈川県小田原市）を攻める。政宗にも秀吉から「小田原に参陣《さんじん》せよ」という書状が届く。

伊達家中では、義姫や多くの家臣が、秀吉の命に応じて小田原に参陣しても、政宗は切腹させられ、伊達氏はお取り潰しになる可能性があると思っていた。

そこで、お家を守るため、義姫は政宗を毒殺し、弟の小次郎を伊達氏の当主に据《す》えようとする。

義姫は、政宗が小田原に出発する前日、自分の館《やかた》に招く。宴席に出された料理を食べた政宗は腹痛に襲われる。症状は軽かったが、政宗は「料理に毒が盛られていたに違いない」と考えた。

そこで、政宗は小次郎を呼びつけ詰問《きつもん》すると、「母上が毒をもった」と白状した。小次郎に罪はなかったが、母を斬るわけにはいかず、母の代わりに小次郎を成敗《せいばい》する。

政宗毒殺に失敗し、溺愛した小次郎を亡くした義姫は、義光を頼って、山形城（山形県山形市）に駆け込んだ。義光は義姫を受け入れ、面倒をみる。

自分を殺そうとした母でも、血がつながった母子である。元和八（一六二二）年、最上氏がお家騒動で徳川幕府からお取り潰しになると、政宗は義姫を仙台城（宮城県仙台市）に呼び寄せる。義姫はすでに七五歳、政宗も五六歳になっていた。

そして、義姫を気遣い、少しでも過ごしやすい場所にと、城の南東四キロの地に住まわせたが、翌年、義姫は政宗に見守られながら亡くなる。政宗は、義姫の菩提寺である保春《ほしゅん》院《いん》（仙台市）を建立《こんりゅう》すると、すぐ近くに自分の隠居所を造り、晩年はそこで暮らした。

【所在地】宮城県仙台市青葉区川内一の一
【交通アクセス】ＪＲ東北本線・東北新幹線「仙台」駅からバスで約二五分「仙台城跡南」下車、徒歩約五分

# 岡崎城と家康の正室「築山殿」

## 嫁姑の対立が招いた悲劇

松平元康《もとやす》（のちの徳川家康）は、今川氏の人質として駿府《すんぷ》（静岡県静岡市）の今川館《やかた》で暮らしていた一五歳のとき、今川氏一門の家臣である関口義広《せきぐちよしひろ》の娘の瀬名姫《せなひめ》と結婚した。彼女の母は、今川義元《よしもと》の妹でもあった。

瀬名姫と家康は同い年で、仲は良かったが、瀬名姫はプライドが高く、結婚当初から、家康が今川氏の人質ということあり、自分よりもつねに下に見ていた。しかし、この立場が逆転する事件が起こる。永禄三（一五六〇）年、上洛《じょうらく》を目指した義元が桶狭間《おけはざま》の合戦で織田信長に討たれたのだ。

家康は「義元が討たれた」という知らせが入ると、ただちに戦線を離脱し、自身が生まれた岡崎城（愛知県岡崎市）に逃げ帰る。このとき、瀬名姫と二人の子供らは、今川氏の人質として駿府に残されていた。

永禄五（一五六二）年、家康は義元の子である氏真《うじざね》を見限《みかぎ》り、信長と同盟を結んだ。家康は、今川氏側との人質交換で、岡崎に二人の子供らとともに瀬名姫を迎え入れたが、信長に遠慮して、瀬名姫を岡崎城には入れず、城近くの築山《つきやま》といわれた小山に御殿を築き住まわせた。このときから瀬名姫は築山殿《つきやまどの》と呼ばれるようになる。

築山殿は実家である今川氏に執着する女だった。そのため、家康が伯父の義元の仇《あだ》を討たないどころか、逆に信長との同盟関係を結んだことに不満を抱いていた。この感情が自身の人生を大きく左右するとは、本人も意識していなかったに違いない。

永禄一〇（一五六七）年、九歳どうしという若さであったが、信長の長女の徳姫《とくひめ》と家康の長男の信康《のぶやす》が結婚をする。築山殿にとって絶対に許すことのできない信長の娘を、腹を痛めて生んだ息子の妻に選んだことで、家康に対する不信感が募る。

それでも信康と徳姫の結婚当初は、築山殿も徳姫に優しく接していた。だが、ともに気性が激しかったため、しばしば衝突するようになる。いつの時代もそうだが、嫁姑関係は難しいものだ。

徳姫が成長するにつれ、信康をめぐる嫁姑の全面戦争へと突入する。それにともない、家康に対しても、築山殿はきつく当たるようになる。

今川氏出身というプライドを持つ築山殿と、飛ぶ鳥の勢いの織田氏の力を背景にした徳姫との女の対立は、信康の人生にも暗い影を落としていく。

家康は元亀元（一五七〇）年、遠江国《とおとうみ》（静岡県西部）に進出すると、岡崎城を信康に譲り、新たに浜松城（静岡県浜松市）を築き入城する。築山殿は岡崎城に残され、信康・徳姫夫婦と暮らす。

家康は築山殿の侍女であるお万《まん》を浜松城に連れて行くと、お万は家康の子を身ごもってしまう。

この事実を知った築山殿は激怒し、お万を岡崎城に連れ戻すと、真冬の深夜に素っ裸にして縛り上げ、痛めつけた。結果、お腹の双《ふた》児《ご》のうちの一人は死産し、もう一人は助かっ

岡崎城天守

た。この子がのちに豊臣秀吉の養子になった結城《ゆうき》秀康《ひでやす》である。

一方、徳姫は二人の娘を産んだ。築山殿は徳姫に対しても、「男子を産めない女に正室の資格はない」と攻撃した。

日増しに嫁姑関係が悪化するなか、築山殿は織田・徳川氏と敵対関係にある武田氏の家臣の娘を信康の側室に迎え入れた。このことが、築山殿と信康にとって命取りとなる。

徳姫は、夫と姑の行状《ぎょうじょう》を批判する一二カ条の手紙を信長に送った。

手紙には「夫、信康は罪もない町の女や僧を殺し、武田の家人の娘に溺れ、酒にふけっている」「姑が武田勝頼《かつより》に内通《ないつう》し、信長と家康を滅ぼそうと企てている」などが書かれていた。

信長はただちに家康の家臣を呼びつけ、真

相を問いただし、家康に信康の切腹を命じる。

信長の性格を知る家康は、この命令を無視すれば、織田・徳川の同盟関係は解消され、徳川氏は滅ぼされると判断したため、信康に切腹を命じ、原因を作った築山殿の殺害を家臣に命じた。

天正七（一五七九）年八月二九日、家康は「親子三人で会いたい」といい、築山殿を浜松城に呼びつけた。途中、浜松城近くの小藪《こやぶ》村で、家康の家臣の野中重政《のなかしげまさ》によって築山殿は殺害される。

一方、残された徳姫は、岡崎を離れたが、信長のもとには戻らず、長兄の信忠《のぶただ》の元に身を寄せた。

徳姫が信長に手紙を送らなければ、信康の切腹はなかった。家康が天下を取ったことを考えれば、長男の信康が徳川幕府第二代将軍になったはずだ。徳姫はみずからの手で天下人の正室の座を失った。内心は死ぬまで後悔していたに違いない。

【所在地】愛知県岡崎市康生町五六一
【交通アクセス】名鉄名古屋本線「東岡崎」駅から徒歩約一五分

# 岩村城と遠山景任の正室「岩村御前」

## 信長に翻弄され非業の死を遂げる

東美濃《ひがしみの》（岐阜県東部）に位置する岩村城（岐阜県恵那市）は、武田信玄《しんげん》と織田信長の双方にとって、戦略的にきわめて重要な地であった。

岩村城は中世以降の城郭《じょうかく》のなかでは、もっとも高い標高七一七メートルの場所にあり、日本三大山城《やましろ》の一つに数えられている。

この地は鎌倉時代から約三八〇年にわたって遠山《とおやま》氏が支配していたが、戦国の世で生き残るためには、武田、織田氏のどちらかに従うしかなかった。

遠山氏は信長が美濃国に進出する前は、信玄との関係を強くしていた。ところが、信長は遠山氏の懐柔《かいじゅう》に成功し、政略結婚で信長の叔母を遠山景任《かげとう》に嫁がせ、同盟関係を結ぶ。

景任の妻となった叔母は、信長の祖父の織田信定《のぶさだ》の三女であるが、名前や年齢は不明である。嫁いでからは岩村御前《いわむらごぜん》と呼ばれるようになる。

織田氏は美男美女の家系といわれているが、岩村御前も、信長の妹であるお市《いち》の方《かた》と並び称される美貌の持ち主だったと伝えられている。

信玄も、信長の動きを黙って見ていたわけではない。元亀元（一五七〇）年一二月、信玄の西上作戦が始まると、岩村城は最も重視される攻略目標の一つとなった。武田二四将の一人である秋山信友《あきやまのぶとも》が率いる五〇〇〇人の軍勢に包囲される。

それに対して、景任は地味であったが、百戦錬磨の戦慣《いくさな》れした良将《りょうしょう》だった。遠山氏は鎌倉時代からこの地に土着する領主だけに、命懸けの忠誠を尽くす家臣にも恵まれ、秋山軍の攻撃から岩村城を守りぬく。

しかし翌年、景任は突然、病を発症し、跡継ぎのないまま病没してしまう。

この時代、跡継ぎを産めないうちに主君が亡くなり、未亡人となった正室は、実家に戻されるケースが多かった。岩村御前は信長と相談したうえで、岩村城に残ることを決意する。信長にとって、せっかく手に入れた東美濃の拠点を手放すことなど、絶対に考えられなかったのだろう。

岩村御前は聡明で女ながらに度胸もあり、家臣団にも人望があった。遠山一族を説得して、信長の五男で、まだ八歳の子供であったが御坊丸《ごぼうまる》（のちの織田勝長《かつなが》）を養子として迎え、遠山氏の跡継ぎとした。

ここに岩村御前を後見人《こうけんにん》にした親織田の新体制が誕生し、みずから女城主として実権を握ることになる。

だが、岩村御前に、平和な生活は長くは続かなかった。元亀三（一五七二）年、武田信玄が京に向けて進攻を開始すると、武田軍の秋山信友がふたたび岩村城に攻め寄せてきたのだ。

岩村御前はただちに、信長に救援要請をしたが、信長自身が武田軍の本隊に対応するのが精いっぱいで、岩村城に援軍を送る余裕はなかった。

秋山軍は岩村城に対して、持久戦をしかけ、糧道《りょうどう》を断ち、じわりじわりと攻め立てて

岩村城（太鼓櫓・表御門）

きた。城内の兵糧《ひょうろう》も乏しくなるなか、岩村御前は幼い御坊丸を守りながら不安に駆られていく。このまま織田の援軍が来なければ、死を覚悟するしかないと思っていた。

そこに信友からの使者が現れ、和睦《わぼく》を持ちかけてきたのだ。条件は「織田方から寝返って開城してくれれば、あなたをわが妻にお迎えして、この城を守る。御坊丸も大事に養育して、いずれは城主にする」というものであった。

和睦の条件に、当初は岩村御前も動揺したが、御坊丸の命を守るという一心で、信友の妻となることを受け入れる。

ところが、またも岩村御前を不幸が襲う。信玄が病に倒れ亡くなり、今後は逆に信長による反転攻勢が始まったのだ。天正三（一五七五）年五月、信玄の跡を継いだ武田勝頼《かつより》が長篠《ながしの》の合戦で織田・徳川連合軍に敗れると、岩村城には信長の嫡男《ちゃくなん》である信忠《のぶただ》が三万人の兵を率いて攻め込んできた。

武田軍は長篠の合戦の大敗で、壊滅的打撃を受けていたため、岩村城に救援を送るだけの余力はなかった。信友は、城兵や婦女子の命の保証を取り付けて、織田軍に降伏するが、信長は約束を守らなかった。城兵や婦女子約三〇〇〇人を皆殺しにしたのである。

信長にとって、織田方を裏切った岩村御前を許すことはできなかった。ただでさえ裏切りには残忍な復讐で対抗するのが信長の常套手段であり、とくに身内の裏切りだけに、信長の怒りは尋常《じんじょう》ではなかった。信友と岩村御前は、信長の居城のある岐阜に連行され、長良川の河原で、残忍な逆磔《さかさはりつけ》で処刑された。

岩村御前の人生は、信長に翻弄された生涯だったかもしれない。「おなごの弱さゆえかくなりしを、叔母をかかる非道の目にあわすとは、信長よ、必ず因果の報いを受けけん」と呪いの言葉を発して息絶えたといわれている。

【所在地】岐阜県恵那市岩村町字城山
【交通アクセス】明知鉄道「岩村」駅から徒歩約二〇分（本丸まではさらに約二〇分）

# 小谷城・北ノ庄城と「お市の方」

## 小豆の袋で信長救う

「戦国五大山城」の一つに数えられる小谷城《こたに》（滋賀県長浜市）は、浅井亮政《あざいすけまさ》が、大永三〜四（一五二三〜二四）年ごろに琵琶湖を一望できる伊吹山系の小谷山に築城した。以後、亮政・久政《ひさまさ》・長政《ながまさ》三代の居城となる。

長政は永禄一〇（一五六七）年、織田信長の妹のお市《いち》の方《かた》を妻に迎え、織田氏と同盟関係を結ぶ。お市の方はすでに二一歳になっており、戦国期としては非常に遅い結婚であった。

長政とお市の方は浅井氏と織田氏との同盟による政略結婚であったが、二人の仲はいたって円満で、お市の方は二男三女を産んでいる。

お市の方は、「戦国一の美女」といわれただけあり、高野山に残るお市の方の絵は、きりりとした目鼻立ちをして、現存する戦国女性のどの肖像画よりも美人である。美貌をひけらかす女ではなく、芯《しん》は強いが、おとなしい女であったようだ。

永禄一一（一五六八）年八月、足利義昭《あしかがよしあき》を擁して上洛《じょうらく》する信長は、小谷城で初めて長政と対面する。信長は、浅井氏の家臣たちに「われら二人で日本国を治めようぞ。各々方を大名に取り立てよう」と豪語したという。

このとき、お市の方も同席し、信長、長政、お市の方の三人は夜遅くまで語りあった。

しかし、平穏な夫婦生活は長くは続かなかった。元亀元（一五七〇）年四月、信長が浅井氏の盟友である越前国《えちぜんのくに》（福井県北東部）の朝倉氏を攻めると、朝倉氏との連携を主張する久政と、織田氏との連携を主張する長政とが対立する。

最後は、久政に背《そむ》くことができず、長政はみずからの主張を引っ込め、信長を裏切る道を選択したのである。

浅井軍は朝倉軍と連携すると、朝倉領に侵入した織田軍を挟撃《きょうげき》しようとした。その際、お市の方が両端を縛った小豆《あずき》の袋を信長に送り、長政の裏切りにより織田軍が「袋のねずみ」になったことを知らせたため、信長は命からがら脱出することができた。

お市の方は浅井氏に嫁ぎ、長政に愛されながらも、信長を救ったのである。戦国の妻は、実家からお供した侍女や家臣に守られており、お市の方は、浅井氏の寝返りを、いち早く信長に教えたのである。

お市の方からの通報で信長は命からがら朝倉領から脱出すると、体制を立て直し、元亀元（一五七〇）年六月、浅井・朝倉連合軍と激突する。有名な姉川《あねがわ》の合戦だ。

壮絶な死闘を繰り返すなか、浅井軍は劣勢に立たされ、次第に追い詰められていった。

天正元（一五七三）年八月一〇日、信長は約三万人という軍勢で長政の領地である北近江に進攻し、次々と浅井氏の拠点（砦《とりで》）を落としていく。二六日に長政が守る小谷城を包囲すると、二八日には小谷城に向けて総攻撃をかけた。

落城を前に、長政はお市の方に「そなたは信長殿の妹なれば、何の子細もござらぬ。信

お市の方像（北ノ庄城址）

小谷城跡（浅井長政公自刃之地）

長殿の許に送ろう。もしそなたが命長らえて残ったならば、我が菩提を弔《とむら》ってほしい」といったと『浅井三代記』は伝えている。

お市の方は、長政の言葉に抵抗した。一緒に小谷城で運命をともにすることを希望したが、長政は認めず、最後は長政の説得に折れた。お市の方と三人の娘が無事に織田軍の陣地に着いたのを確認すると、九月一日、長政は自刃《じじん》した。

実家に戻ったお市の方は、平穏な日々を過ごしていたが、天正一〇（一五八二）年六月、京都・本能寺で信長が横死《おうし》すると、ふたたび大きな変化が訪れる。

織田氏の後継者選びが激化するなか、信長の三男である信孝《のぶたか》が、羽柴（のちの豊臣）秀吉と対立する柴田《しばた》勝家《かついえ》とお市の方を結婚させたのだ。お市の方にとって二度目の政略結婚であった。

勝家との夫婦生活も長くは続かなかった。天正一一（一五八三）年四月、賤ヶ岳《しずがだけ》の合戦で勝家軍が秀吉軍に敗れると、秀吉軍はそのまま勝家の居城である北ノ庄城（福井県福井市）を包囲する。

一〇年前の小谷城と同じように、お市の方は北ノ庄城でふたたび落城の憂き目に遭うことになる。娘三人を城外の秀吉に託すと、お市の方は城に残り、勝家とともに炎上する天守で自刃した。三七才の生涯であった。

残された三人の娘のなかで、お市の方にいちばん似ていたのが長女の茶々《ちゃちゃ》といわれている。茶々（のちの淀殿《よどどの》）は秀吉の側室となり、秀頼《ひでより》を産む。二女の初《はつ》は京極高次《きょうごくたかつぐ》の正室に、三女のお江《ごう》は徳川第二代将軍の秀忠《ひでただ》の正室となった。

小谷城
【所在地】滋賀県長浜市湖北町伊部
【交通アクセス】JR北陸本線「河毛」駅から徒歩で約三〇分。

北ノ庄城
【所在地】福井県福井市一ノ二ノ一七
【交通アクセス】JR北陸本線「福井」駅から徒歩約五分

# 岐阜城と信長の正室「濃姫」

## 歴史の舞台から消えた天下人の妻

「美濃《みの》の蝮《まむし》」の異名《いみょう》を持ち、下克上《げこくじょう》で美濃国（岐阜県）を乗っ取った斎藤道三《どうさん》の三女として生まれたのが帰蝶《きちょう》である。

天文一六（一五四七）年九月、織田信秀《のぶひで》が稲葉山城《いなばやまじょう》（岐阜県岐阜市）を攻めると、道三は逆に、籠城戦で織田軍を壊滅寸前にまで追い込む。

ところが、道三は信秀と和睦《わぼく》し、翌年、娘の帰蝶を信秀の嫡男《ちゃくなん》である信長に嫁がせた。以後、美濃の姫ということで、濃姫《のうひめ》と呼ばれるようになる。

この結婚に熱心だったのが、信長の守役《もりやく》だった平手政秀《ひらてまさひで》だ。若いときの信長は「うつけ者」という評判で、家督《かとく》を継がせるためには、どうしても道三の後ろ盾を必要としていた。

濃姫は、嫁ぐ際、道三から「信長はうつけ者との評判である。まことうつけ者であったならば、この刀で刺し殺せ」といわれた。これに対し、濃姫は「承知しました。ですがこの刀、父上を刺す刀になるやもしれませぬ」と答えたというエピソードが残っている。

二人の結婚後、信長が評判どおりの「うつけ者」かどうかを自分の目で確かめるため、道三は信長と対面する機会をうかがっていた。

正徳寺《せいとくじ》（愛知県一宮市）で会見した際、信長は多数の鉄砲を護衛に装備させ、正装《せいそう》で訪

岐阜城天守

れた。道三は信長を見込むと同時に、家臣に対し、「我が子たちはあのうつけの門前に馬をつなぐようになる」と述べたと『信長公記《しんちょうこうき》』にある。

司馬遼太郎の小説『国盗り物語』や津本陽の小説『下天は夢か』にも濃姫は登場するが、この会見以降、濃姫は歴史上の表舞台にはいっさい登場していない。

弘治二（一五五六）年、道三は息子の義龍《よしたつ》に殺される寸前、美濃国を信長に譲るとの遺言を書いて渡していた。信長はこの遺言状を理由に、美濃国を攻め、義龍の子である龍興《たつおき》を討ち破る。

信長は稲葉山城に入城すると、山上に三層天守、山麓《さんろく》には壮大な四階建ての居館《きょかん》を構えた。山麓の居館部分だけでも、当時、東洋におけるポルトガルの本拠地だったゴア総督府の一・五倍の規模を誇り、城下は京の都よりも賑わいがあったといわれている。

そして、周《しゅう》の文王《ぶんおう》が「岐山《ぎざん》より興《おこ》って天下を平定した」という故事《こじ》にならって、町の名を井の口から岐阜に改め、城の名も岐阜城とした。地名を変えるという政策を行なったのは、日本史上で信長が最初だ。

信長が「天下布武《てんかふぶ》（武家が天下の権を握る）」と宣言したのもこのころで、美濃国を制すると、怒濤《どとう》の勢いで天下取りの道を走りだしていく。

まず朝廷と将軍のいる京都を制し、そこから全国を支配する戦略を立てた。信長は足利《あしかが》幕府第一五代将軍の義昭《よしあき》を利用しながら、各地の大名たちに帰服《きふく》を呼びかけていった。

濃姫については、道三の死後に信長と離縁したという説、早世《そうせい》という説、織田家中で生き続けたという生存説もあるが、定かではない。

【所在地】岐阜県岐阜市金華山天守閣一八
【交通アクセス】JR東海道本線「岐阜」駅、名鉄名古屋本線「名鉄岐阜」駅からバスで約一五分「岐阜公園・歴史博物館」下車、徒歩約三分で「金華山ロープウェー山麓」駅、「山麓」駅から「金華山ロープウェー山頂」駅までロープウェーで約三分、「山頂」駅から天守まで徒歩約八分

# 長浜城と秀吉の正室「寧々」

## 夫の留守中は〝女城主〟に

戦国時代を生きた武将の妻で、NHK大河ドラマや戦国もののドラマに、最も登場する回数が多いのが寧々《ねね》だ。多くの女優が寧々を演じたが、近年のNHK「大河ドラマ」では、平成二六（二〇一四）年の「軍師官兵衛」では黒木瞳が、平成二八（二〇一六）の「真田丸」では鈴木京香がそれぞれ寧々を演じた。

寧々は、織田信長に仕えた尾張《おわり》朝日村出身の足軽《あしがる》だった杉原定利《すぎはらさだとし》の二女として生まれる。永禄四（一五六一）年八月、母の反対を押し切って、信長家臣の木下藤吉郎《きのしたとうきちろう》（のちの豊臣秀吉）と結婚する。当時の結婚としては珍しく二人は恋愛結婚であった。

秀吉と寧々は仲の良い夫婦であったが、子供がなかった。このため、秀吉や寧々自身の親類縁者を養子や家臣として養育した。特に有名なのが加藤清正《きよまさ》と福島正則《まさのり》の二人だ。

一方、秀吉は好色で、次々と側室をもうけた。寧々はこれに不満を持ち、信長に手紙で相談したこともあるという。信長は「秀吉には勿体《もったい》ないほどの立派な妻なので、堂々と奥方らしく振る舞い、女のことなどで怒らぬように」と諭《さと》したとされている。

天正元（一五七三）年、信長は小谷《おだに》城（滋賀県長浜市）に籠城する浅井長政《あざいながまさ》を滅ぼす。

小谷城攻めに活躍した秀吉は、浅井氏の旧領地（湖北）の大部分を信長から与えられ

長浜城天守

る。

このときから羽柴秀吉と名乗り、近江《おうみ》国長浜（滋賀県長浜市）一二万石の城持ちの武将となる。

当初、秀吉は小谷城に入城したが、山城《やまじろ》だったため、「今浜《いまはま》」と呼ばれていた琵琶湖畔の地に新たに城を築いた。そして、信長の一字をもらって地名を「今浜」から「長浜」に改め、長浜城（長浜市）とした。

城が完成すると、秀吉は小谷城から寧々とともに移り、天正一〇（一五八二）年まで長浜城で過ごす。

戦で城を不在にする秀吉に代わって、寧々が長浜城の城主の役目を果たした。

信長が京都・本能寺で家臣の明智光秀《あけちみつひで》に討たれた際には、城を出て領内の大吉寺《だいきちじ》に身を隠した。秀吉が、山崎の合戦で光秀を破ると、城に戻り秀吉の帰還を待った。このシーンは、たびたび戦国ドラマに登場する。

その後、二人は大坂城（大阪府大阪市）に移り、天正一三（一五八五）年、秀吉が関白に任官すると、寧々は北政所《きたのまんどころ》の称号を許される。

寧々の生活は、長浜城から大坂城に移ると一変した。いままでは秀吉の家臣と、その家族の面倒だけをみればよかった。

大坂城では、天下人の妻として、秀吉に代わって朝廷との交渉を一手に引き受けた。諸大名の正室たちが、秀吉の命令で大坂に集められると、国元《くにもと》を離れて暮らす正室たちの良き相談役となった。

慶長三（一五九八）年八月一八日、秀吉が没すると、淀殿《よどどの》とともに秀吉の唯一の子である秀頼《ひでより》を支えていく。

NHK大河ドラマや戦国もののドラマでは、寧々と淀殿の不仲な様子が描かれるケースが多いが、最近の研究では、二人はむしろ協調・連携した関係であったとする説も出てきているが、やはり二人の仲は微妙な関係だったに違いない。

実際、関ケ原の合戦で、寧々は加藤清正、福島正則の二人に、徳川家康に味方するようにと勧めていることからも、寧々と淀殿の不仲説の方が有力だ。

関ケ原の合戦後は、京都三本木に移り、秀吉を祀《まつ》る豊国《とよくに》神社（京都市東山区）にたびたび参拝し、秀吉の供養《くよう》に専念した。

慶長八（一六〇三）年、秀吉の遺言だった、秀頼と徳川秀忠《ひでただ》の長女の千姫《せんひめ》との婚儀を見届けたことを契機に剃髪《ていはつ》。朝廷から院号を賜り、高台院《こうだいいん》と称した。

慶長一〇（一六〇五）年、実母と秀吉の冥福を祈るため、新たに京都東山に高台寺を建立すると、その門前に屋敷を構え移り住む。

大坂の陣により、秀吉とともに築いた豊臣氏は滅びてしまったが、徳川秀忠との関係は良好であったようだ。たびたび秀忠は、寧々の屋敷を訪問したりもしている。徳川幕府の許可を得て、寧々が主催する二条城（京都市中京区）での能興行《のうこうぎょう》の記録も残っている。

足軽の娘から、天下人の妻となった寧々は、寛永元（一六二四）年九月六日、七六歳で亡くなる。

寧々が秀吉の子を産んでいれば、関ケ原の合戦も、大坂の陣もなく、豊臣の治世が長く続いた可能性もある。そうなれば、その後の日本の歴史は、大きく変わっていたかもしれない。

【所在地】滋賀県長浜市公園町一〇の一〇
【交通アクセス】ＪＲ北陸本線「長浜」駅から徒歩約八分

# 立花山城と立花宗茂の正室「誾千代」

## 気の強い若妻

豊後国《ぶんご》（宇佐市・中津市を除く大分県全域）の戦国大名であった大友宗麟《おおともそうりん》の家臣である立花道雪《たちばなどうせつ》は、合戦には一度も負けたことのない宿将《しゅくしょう》（老練な武将）だったが、跡継ぎがいないことが悩みの種だった。

道雪にとって、五六歳にして初めて生まれたのが誾千代《ぎんちよ》である。女だが、幼いときから学問・武道の英才教育を受け、嫡男《ちゃくなん》扱いで徹底的に帝王学をたたき込まれた。

天正三（一五七五）年五月二八日、道雪は六三歳のとき、大友氏に許可を得て、誾千代に家督《かとく》を譲り、立花山《たちばなやま》城（福岡県福岡市）の城主とする。女城主というと、普通は夫が急死もしくは戦死し、男の跡継ぎがいない場合に城主になるケースが多いが、誾千代はわずか七歳で女城主となった。同じ日、誾千代にとっては、母に死なれるという悲しみの日となる。

道雪が誾千代の婿にと目を付けたのが、大友氏の家臣である高橋紹運《じょううん》の嫡男の統虎《むねとら》だ。当初、紹運は二人の結婚に難色を示したが、道雪の執念に負けて結婚を認める。このとき誾千代は一三歳、統虎は一五歳だった。

統虎はのちに立花宗茂《むねしげ》と名乗った。道雪は合戦の術《すべ》を事細《ことこま》かに伝授した。宗茂が鮎《あゆ》の骨を取って食べようとすると、道雪は「武将たるもの魚は骨ごと食べるべし」と叱り飛ばしたという。宗茂も期待に応え、武勇の誉れ高

立花山城本丸跡から望む福岡市街地

き武将として成長していく。

一方、誾千代は父の気性を受け継ぎ、気の強い若妻であった。新婚生活では宗茂が入り婿ということもあり、宗茂を見下す態度をとることが多く、しばしば衝突した。

結婚から四年後の天正一三（一五八五）年、道雪が龍造寺氏《りゅうぞうじ》との合戦で、柳川城《やながわ》（福岡県柳川市）攻めの陣中《じんちゅう》において七三歳で病没する。翌年には薩摩国《さつま》（鹿児島県東部）の島津《しまづ》軍の侵攻を受け、宗茂の父の紹運も討ち死にするという二重の悲劇に見舞われた。

道雪が亡くなると、宗茂が立花氏の当主となったが、実権は誾千代が握っていた。立花氏家臣団を束ねて統率するためには、道雪の血を引く誾千代の存在は、欠かせなかった。

天正一四（一五八六）年、豊臣秀吉による九州征伐が始まると、宗茂は秀吉軍に味方したため、立花山城に島津軍が攻撃をしかけてきた。だが、宗茂は道雪が目をかけただけあり、逆に島津軍を撃退する活躍を見せた。

宗茂は結果、秀吉から筑後《ちくご》四郡一三万二〇〇〇石を与えられ、柳川城主に取り立てられた。義父の道雪が落とすことができなかった柳川城を、宗茂は手に入れたのである。

そして、宗茂は意気揚々と、誾千代の待つ立花山城に凱旋《がいせん》した。

ところが、誾千代は喜ばず、「幼少のころから住み慣れた立花山城を離れたくない」といい、宗茂を困らせた。立花山城を離れるということは、立花氏の実権を、入り婿である宗茂に奪われると思ったのだろう。

宗茂は、誾千代を説得して柳川城に入城すると、立花氏の当主としての頭角《とうかく》を現し、家臣からも慕われる名君へと成長していく。

朝鮮出兵（慶長の役）の際には、加藤清正《きよまさ》が明・朝鮮軍約三万人に包囲され、窮地に陥ると、清正を救う活躍を見せ、勇将ぶりが天下に知れ渡った。

宗茂の名声が高まれば高まるほど、誾千代は家中での立場が夫よりも低く見られることに我慢できなくなった。子供が生まれなかったこともあり、宗茂が家臣の勧めで側室を迎えると、二人の仲は一段と険悪となる。ついに誾千代は城を出て、城下の館《やかた》で侍女たちと暮らし始める。

関ケ原の合戦では、宗茂は豊臣方（西軍）に与《くみ》した。豊臣方が敗北すると、柳川城に急ぎ戻り、徳川方（東軍）を迎え撃つ準備をしたが、誾千代は、城で籠城することを拒《こば》んだ。

誾千代は、城の外で一戦交える覚悟を決

め、城下の館に籠城した。「いまこそ、道雪から教わった兵法が役立つ」と、みずから甲冑《かっちゅう》を身にまとい、家臣や侍女たちを指揮した。徳川方の鍋島《なべしま》軍が海から襲撃してくると予想し、漁民や農民を使って海岸線に上陸を阻止する防御線を構築、鍋島軍を圧倒した。

最後は清正の仲介の労によって、柳川城は開城となり、宗茂は清正に預けられた。このときも、宗茂と一緒に行動することを拒んだ。

誾千代は清正によって、肥後《ひご》国腹赤《はらか》村（熊本県長洲町）の百姓家に住まわされた。二年後、気丈だった誾千代も、将来の不安からか、病にかかり、三四歳の若さでこの世を去った。

宗茂は牢人《ろうにん》生活を経て、徳川幕府第二代将軍の秀忠《ひでただ》に請われて、慶長九（一六〇四）年、五〇〇〇石の相伴衆《しょうばんしゅう》に取り立てられる。元和六（一六二〇）年には、柳川城主として二〇年ぶりに奇跡の返り咲きを果たすと、亡き妻のために、生前は仲が悪かったが、良清寺《りょうせい》（柳川市）を建立し供養《くよう》した。

【所在地】福岡市東区新宮町立花山
【交通アクセス】JR鹿児島本線「福工大前」駅から西鉄バス一〇分「立花小学校前」下車

# 上田城と真田昌幸の正室「山之手殿」

## 九度山に同行せず剃髪

真田《さなだ》昌幸《まさゆき》の正室の山之手殿《やまのてどの》の出自《しゅつじ》については、諸説あり確定できない面もあるが、宇多《うだ》下野守頼忠の娘であるというのが、最も有力な説だ。平成二八（二〇一八）年のNHK大河ドラマ「真田丸」では昌幸を草刈正雄が、山之手殿を高畑淳子が演じている。

頼忠のもう一人の娘は、石田三成《みつなり》の正室となっており、昌幸と三成は「義理の兄弟」だった。加えて、頼忠の息子の河内守頼次《かわちのかみよりつぐ》は山之手殿が産んだ昌幸の五女を妻にし、頼次は三成の父の正継《まさつぐ》の養子に、さらに昌幸の二男の幸村《ゆきむら》の正室のお利世《りせ》（のちの竹林院《ちくりんいん》）が、三成の親友の大谷吉継《おおたによしつぐ》の娘だった。

こうした結び付きから、昌幸は慶長五（一六〇〇）年の関ケ原の合戦では、三成に味方することを決断する。下野国犬伏《しもつけいぬぶし》（栃木県佐野市）で、長男の信之《のぶゆき》と袂を分かち、二男の幸村だけを連れて上田城（長野県上田市）に戻った。

犬伏の別れのシーンは、真田一族を題材にした映画やドラマで、たびたび親子三人が苦悩する姿が描かれている。

関ケ原に向けて進軍する徳川秀忠《ひでただ》率いる徳川軍三万八〇〇〇人の軍勢は、上田城に兵三〇〇〇人とともに籠城する昌幸・幸村父子に降伏を勧告するが、父子は降伏を拒否。逆に「十分に準備ができたので一合戦仕ろう」と宣戦布告をする。

上田城東虎口櫓門

秀忠の怒りは頂点に達し、徳川軍は直ちに総攻撃したが、上田城の堅い防備と真田軍の強さは、秀忠の予想をはるかに上回るものであった。

天正一三（一五八五）年の第一次上田合戦では、上野《こうづけ》国沼田（群馬県沼田市）の領有をめぐり、真田軍と徳川軍とが衝突。城を守る真田軍は昌幸以下兵二〇〇〇人、一方、徳川軍は家康の家臣である鳥居元忠《とりいもとただ》、大久保忠世《ただよ》らが率いる兵七〇〇〇人で上田城を包囲した。三倍を超える兵力を擁する徳川軍の勝利は、火を見るよりも明らかに思われた。

だが、徳川軍は一三〇〇人にも及ぶ死傷者を出し、大敗北を喫したのである。対する真田軍の死傷者は四〇人程度だったという。この合戦で徳川軍を破った昌幸の知謀は日本全国へと鳴り響くこととなる。

ところで、昌幸とは、どのような人物だったのか。武田氏の家中で「攻め弾正《だんじょう》」の異名《いみょう》をとった真田幸隆《ゆきたか》の三男として生まれ、七歳のときに武田信玄《しんげん》のもとに人質として送られた。信玄に奥小姓《おくこしょう》として仕え、『孫子《そんし》』の兵法をはじめ、戦術、外交などを直接学ぶ。このことは、昌幸が戦国乱世を生きていくうえで大きな糧《かて》となった。

その後、天正三（一五七五）年五月に起きた長篠《ながしの》の合戦で武田勝頼《かつより》が織田・徳川連合軍と戦った際、二人の兄が相次いで戦死したため、昌幸が真田氏を継ぐことになったのだ。

第一次上田合戦で、昌幸に散々煮え湯を飲まされた徳川軍にとっては、悪夢の再来となった。その惨状は目を覆うもので、徳川家公式文書『烈祖成蹟《れっそせいせき》』にさえ「我が軍大いに破れ、死傷算《ししょうさん》なし」と記されている。

徳川軍は上田城を落せず六日間も足止めをくらい、秀忠は関ヶ原の合戦に間に合わず、家康から叱責《しっせき》を受ける。

関ヶ原合戦後、上田城は家康によって徹底的に破壊され、昌幸・幸村父子は九度山《くどやま》（和歌山県伊都郡）に配流《はいる》となった。

お利世は行動をともにしたが、山之手殿は同行せず、長男の信之のもとに残った。

昌幸が上田城を離れると、山之手殿は剃髪し、寒松院《かんしょういん》と号した。一方の昌幸は九度山で側妻《そばめ》を持ち、女の子まで産ませている。

夫と離れて一〇年余りを一人で生きた山之手殿であったが、慶長一八（一六一三）年六月三日、上田城内においてこの世を去る。

「真武内伝《しんぶないでん》」をはじめ江戸期に成立した戦記物によると、家康は大坂冬の陣において真田が大坂城（大阪府大阪市）に入城した知らせを受けると、思わず立ち上がり、体を震わせながら「父か子か」と尋ね、子の幸村と聞いて、ほっと胸をなで下ろしたという。家康にとって、二度も徳川軍を退けた上田城の攻防はトラウマだったことを物語っている。

天下人・家康をも恐怖にさらした上田城は、戦国大名として生き抜くための昌幸の知謀が結集された城だったのである。

平成一八（二〇〇六）年一〇月一〇日、上田城と大阪城は、結果こそ異なるものの、徳川軍の二度の攻撃を受け、上田城では昌幸が、大坂城では幸村が守城戦で功績を挙げたつながりから、友好城郭提携が結ばれている。

【所在地】長野県上田市二の丸
【交通アクセス】JR長野新幹線・しなの鉄道「上田」駅から徒歩約一〇分

# 三春城と伊達政宗の正室「愛姫」

## 政宗を支え続けた人質人生

平安時代初期、東国を平定した征夷大将軍の坂上田村麻呂《さかのうえのたむらまろ》。その末裔《まつえい》といわれている田村義顕《よしあき》が、永正元（一五〇四）年に築いたのが三春《みはる》城（福島県三春町）の始まりである。

田村氏は、戦国期には三春城を拠点に、四八館《やかた》とされる要害を擁して義顕、隆顕《たかあき》、清顕《きよあき》の三代で八四年間、旧田村郡の全域を支配していた。

そして、永禄一一（一五六八）年、清顕の娘として生まれたのが愛姫《めごひめ》だ。当時の奥州《おうしゅう》地方は、佐竹《さたけ》、蘆名《あしな》、二階堂《にかいどう》、相馬《そうま》氏といった戦国武将たちが群雄割拠《ぐんゆうかっきょ》していた時代で、田村氏は生き残りをかけた合戦を繰り広げていた。

愛姫の祖父の隆顕は伊達政宗《だてまさむね》の父の輝宗《てるむね》の妹を妻にしていた。清顕は、伊達氏との同盟を強化することが、お家の安泰《あんたい》につながると考えた。

清顕には息子がないため、本来であれば、一人娘の愛姫に田村氏を継ぐ養子を迎えるところだが、愛姫を米沢《よねざわ》城（山形県米沢市）の伊達氏に嫁がせることにする。

このとき、清顕は、愛姫が産む長男は伊達氏を継ぐが、二男は田村氏の養子とする条件で、天正七（一五七九）年一一月、一二歳の愛姫は一つ年上の政宗と結婚する。

昭和六二（一九八七）年のＮＨＫ大河ドラマ「独眼竜《どくがんりゅう》政宗」では、政宗を渡辺謙が、愛

三春城本丸跡

姫を桜田淳子が演じ、NHKの行なったアンケート調査では、最も好きな大河ドラマに輝いている。

愛姫は愛らしい顔立ちから、「めんこい＝愛らしい」が転じて「愛姫」と呼ばれた。和歌や書道にも秀でた教養の高い女性であったようだ。

結婚当初、愛姫を不幸が襲う。乳母や侍女たちが処刑という残酷な仕打ちを受けたのだ。愛姫の母が相馬氏の出身だったため、乳母が敵に内通《ないつう》しているのではないかと伊達氏から疑われたことが原因だといわれている。

結婚から五年後、一八歳で伊達氏を継いだ政宗は、奥州制覇に乗り出す。幼いときに疱《ほう》瘡《そう》を患い隻眼《せきがん》となった政宗は、合戦に明け暮れるなか、皆殺し作戦を取ったり、血縁者が嫁ぐ家でも容赦《ようしゃ》なく滅ぼす非情さがあった。

天下統一を目指す豊臣秀吉が私戦禁止令を出しても、これを無視して、領土拡大の合戦を続けた。

一方、政宗は家庭内では、愛姫を尊重し、妻の意向に沿うように行動した。「伊達氏を守る母」として大事にし、二人はお互いを尊敬し合う夫婦になっていった。

天正一八（一五九〇）年、秀吉が事実上の天下統一を果たすと、大名の正室たちは、人質として聚楽第《じゅらくてい》（京都市上京区）に集められた。愛姫も例外ではなく、聚楽第の伊達屋敷に住むことになる。

一方、秀吉は政宗に対しても、上洛《じょうらく》をうながしたが、野心家の政宗は恭順《きょうじゅん》することをためらい、上洛の時間稼ぎをした。

すると、愛姫は政宗に対し、「天下はいまだ定まらず。殿は天地の大義にしたがって、去就《きょしゅう》を決めたまえ。私の身を案じるなかれ、匕首《あいくち》をつねに懐《ふところ》に抱く。誓って他の辱《はずかし》めを受けず」という手紙を送る。愛姫の態度は、堂々とした正室の覚悟であった。

政宗と愛姫のあいだには、なかなか子供が授からなったが、文禄三（一五九四）年、結婚一五年目にしてようやく生まれたのが、のちに徳川家康の六男の忠輝《ただてる》と結婚する五郎八《いろは》姫《ひめ》だ。その後も愛姫は、秀吉が没するまで、人質として伏見、大坂暮らしが続いた。

慶長四（一五九九）年、待望の嫡男《ちゃくなん》の忠宗《ただむね》が産まれる。続けて男子二人をもうけたが、宗綱《むねつな》は一六歳で亡くなり、竹松丸《たけまつまる》は七歳で早世《そうせい》した。

秀吉に代わって、徳川家康が天下を取り、政宗が岩出山《いわでやま》城（宮城県大崎市）、続いて仙台城（宮城県仙台市）の城主となってからも、愛姫は、人質として江戸の伊達屋敷で暮らしたため、領国に足を踏み入れることは、生涯一度もなかった。

寛永一三（一六三六）年五月二四日、政宗は江戸の伊達屋敷で七〇歳の生涯を閉じたが、死の直前、同じ屋敷に暮らしながら、愛姫に会うことを拒否した。たびたびお見舞いにうかがいたいと申し入れがあったが、政宗は頑として受け入れなかった。

政宗が愛姫と会うことを拒んだのには理由があった。男の美学として、愛する妻に対して、やせ衰えて見苦しい自分の姿を見せたくなったからだ。

愛姫は、政宗が亡くなると、剃髪《ていはつ》し、仏門に入った。多くの政宗の絵画や像は、両眼で描かれていたが、政宗の死後に作られた木像は、愛姫の「殿の本当の姿を残したい」との思いで、独眼《どくがん》の像となっている。

承応二（一六五三）年、愛姫は八六歳で没した。豊臣・徳川の人質であり続け、政宗を支え続けた人生であった。

【所在地】福島県田村郡三春町大町
【交通アクセス】ＪＲ磐越東線「三春」駅から徒歩約一〇分

# 末森城と前田利家の正室「まつ」

## 加賀一〇〇万石の礎を築く

加賀一〇〇万石の礎《いしずえ》を築いた前田利家《としいえ》の正室のまつは天文一六（一五四七）年、尾張国《おわり》（愛知県西部）海部《あま》郡に生まれた。

父親（名前は不明）が亡くなったため、まつは四歳のとき、前田利昌《としまさ》の養女となる。利昌の妻が、まつの母の妹だったからだ。

弘治四（一五五八）年、利家二一歳、まつ一二歳のとき、従兄妹どうしで二人は結婚した。

利家はこのころ織田信長のもとで、赤母衣《あかほろ》衆《しゅう》（小姓から選抜された親衛隊）として従軍する。槍の名手で「槍の又左《またさ》」と呼ばれていた。

平成一四（二〇〇二）年のNHK大河ドラマ「利家とまつ—加賀百万石物語—」では、利家を唐沢寿明が、まつを松嶋菜々子が演じている。

結婚の翌年、長女の幸《さち》が生まれる。親子三人で幸せな生活が始まった矢先に、事件が起きた。信長の同朋衆《どうほうしゅう》である拾阿弥《じゅあみ》を斬ったことを理由に、利家は織田氏の家来を解雇されてしまったのだ。

斬った理由は、利家がまつからもらった笄《こうがい》という髪結い《かみゆい》の道具を拾阿弥に盗まれたり、侮辱を繰り返されたことに耐えられなかったからだといわれている。

理由はどうであれ、利家は妻子ある身で職を失ってしまった。まつはこのとき浪人中の利家を支え続ける。永禄三（一五六〇）年、利家は信長に許され、ふたたび織田氏の家来となった。

末森山合戦跡

以後の利家は、信長が推進する天下統一事業に貢献する。元亀元（一五七〇）年四月に浅井・朝倉連合軍と激突した金ケ崎の合戦では、撤退する信長の警護を担当する。同年六月の姉川《あねがわ》の合戦でも武功を挙げる。

天正二（一五七四）年、柴田勝家《しばたかついえ》の与力《よりき》となり、越前一向一揆の鎮圧に力を発揮する。天正九（一五八一）年には、信長より能登《のと》国（石川県北部）を与えられ二三万石の大名となった。

まつは幸を含めて二男八女を産んでいる。戦国時代の武将の妻は多産だが、一〇人も子供を産んだ女性は数少ない。

利家とまつが若いとき、同じ長屋に暮らしていた木下藤吉郎《きのしたとうきちろう》（のちの豊臣秀吉）と寧々《ねね》とのあいだには、子供がなかなかできなかった。そこで、秀吉は五女の豪姫《ごうひめ》を養女として利家からもらい受けている。

利家とまつの夫婦仲は良好だった。だが、利家は生涯において五人の側室をもうけ、七人の子供が産まれている。まつは利家が側室をもうけることにいっさい不満を漏らさなかったという。

人間としての大きさは、利家よりもまつのほうが上だったようだ。『川角太閤記《かわすみたいこうき》』によると、利家は、加賀国（石川県北部）の隣国である越中《えっちゅう》国（富山県）を治める佐々成政《さっさなりまさ》と末森《すえもり》城（石川県羽咋郡宝達志水町）の合戦で三度激突するも、一度も勝つことができなかった。敗戦の原因は色々あるが、次は絶対に負けるわけにはいかなかった。

この状況を見かねたまつは、金蔵《かねぐら》から金子《きんす》の入った袋を持ち出すと、利家に対して、「貯蓄よりも先に、成政に勝利することが先決です。この金子で兵士や武具を集めて戦うときです」といったという。まつは日ごろから、利家が蓄財に励むことを、快く思っていなかった。

このときばかりは、まつの迫力によって蓄財を有効活用し、兵士や武具を集め、利家は成政に勝利する。この合戦を境として、利家は北陸を代表する大名としての基盤を確立していく。

豊臣秀吉の死からわずか一年後の慶長四（一五九九）年、利家も亡くなる。前田氏は利長《としなが》が跡を継ぐ。利家が亡くなり豊臣五大老のなかで、徳川家康に対抗できる人物がいなくなると、「利長が家康の暗殺を企てている」という噂が流れ、徳川軍と前田軍とが一触即発の状態となる。

まつは、前田氏の危機を救うため、みずか

ら進んで徳川氏の人質となることを決心する。このとき、まつは利長に対して「何事もお家のことを一番に考えなさい」と言い残して、江戸に向かったという。一方、徳川氏は、まだ三歳だった秀忠《ひでただ》の二女の珠姫《たまひめ》を、利家の四男の利常《としつね》と政略結婚させることで、前田氏の動きを封じようとした。

まつは利常の母の千世《ちよ》と交代するまでの一四年間、江戸で人質生活を送った。まつの決心が前田氏を救い、加賀一〇〇万石を築く礎となったことは間違いない。

のちに徳川幕藩体制において、諸大名妻子の江戸居住制が確立するが、まつは、その第一号となる。

大坂夏の陣で豊臣氏が滅んだ後は、まつは、秀吉の未亡人の寧々と京都でたびたび会っては、昔の話で盛り上がったという。

元和三（一六一七）年、まつは金沢城（石川県金沢市）で七一歳で亡くなった。

【所在地】石川県羽咋郡宝達志水町竹生野
【交通アクセス】ＪＲ七尾線「宝達」駅から徒歩約四〇分

# 弘前城と「阿保良」「満天姫」

## 津軽氏の基礎を築いた二人の正室

陸奥《むつ》国津軽郡（青森県西半部）を支配した津軽氏の基礎を語るうえで、二人の女性の存在は欠かせない。一人は南部《なんぶ》氏から津軽地方独立の合戦を仕掛けた津軽為信《ためのぶ》の正室の阿保《おう》良《ら》。もう一人は津軽藩二代藩主の信枚《のぶひら》の正室の満天姫《まてひめ》だ。

阿保良は、岩木山の麓《ふもと》に築かれた大浦《おおうら》城（青森県弘前市）を居城とする大浦為則《ためのり》の娘として生まれた。大浦氏は青森県全域と岩手県北部を支配していた南部氏の枝葉《しよう》の一族であった。そこに母に連れられてきた少年が為信であり、以後、為則に仕えることになる。

為信は居候《いそうろう》の身分だったが、阿保良とは同い歳だったこともあり、しだいに愛し合うようになった。永禄一〇（一五六七）年三月、二人が一八歳になったとき、為信が婿養子に入るという条件で結婚する。

すると予想外の事態が起きた。為則が急死したのである。このことが為信にはプラスに働いた。為則には二人の娘がいたが、姉は堤弾正左衛門《つつみだんじょうざえもん》に嫁いでおり、妹である阿保良と結婚した為信が、大浦氏を継ぐことになったのだ。

為信が大浦城主となると、為信と阿保良は二人で力を合わせて策略を練り、南部氏から独立して、津軽地方を奪い取る行動にでる。

元亀二（一五七一）年、為信は、南部氏が津軽地方支配の拠点としている石川城（弘前

弘前城天守

市）を奇襲攻撃した。その際、賭博場にいた、ならず者八三人を攻撃要員に加え、石川城下の婦女子に対して、乱暴の限りをつくさせた。南部氏の兵士が自分の家族のことに気をとられている合間に、石川城を陥落させることに成功する。

次々と南部氏の支城を攻め滅ぼし、大浦氏による津軽地方支配が強まるなか、天正七（一五七九）年、南部軍の主力部隊による大規模な反攻が開始された。

合戦の現場から「弾薬が足りない」という連絡が、城を守る阿保良にもたらされた。城内の弾薬も底をついており、家臣のあいだに動揺が走る。

このとき、阿保良は城内にある錫《すず》類の器物を集めさせて溶かし、弾薬を作り、昼夜を分かたず合戦の現場に送り届けた。すると大浦軍は態勢を立て直し、南部氏の主力部隊を撃退すると、津軽地方から南部氏の勢力を排除した。

為信は、天正一八（一五九〇）年、豊臣秀吉の小田原攻めが始まるや、家臣一八騎を連れ秀吉に謁見《えっけん》した。念願の津軽地方安堵《あんど》の朱《しゅ》印状《いんじょう》を下付《かふ》され、大浦氏から姓を津軽氏に改める。

一方、満天姫は、徳川家康の異父弟の松平康元《やすもと》の娘で、最初は家康の養女となり、福島正則《まさのり》の養子の正之《まさゆき》に嫁いでいたが、正則に実子《じっし》が誕生すると、跡を継がせたいがために、正則は正之を殺してしまう。このときすでに満天姫は、お腹に子供を宿していたが、正之の廃嫡《はいちゃく》にともない、実家に連れ戻された。

慶長一八（一六一三）年、今度は家康の政治顧問の天海僧正《てんかいそうじょう》の推挙により、満天姫は津軽信枚と再婚することになったのだ。

家康は、津軽藩を「北狄《ほくてき》（北方の異民族）の抑え」として重視したとも、伊達《だて》氏や佐竹《さたけ》氏などの東北の外様《とざま》大名を監視するためともいわれている。

満天姫は家康と面会すると、「関ケ原合戦屏風」（大阪歴史博物館蔵）に描かれている福島軍の活躍を見て、「亡き正之との思い出に、屏風がほしい」とせがんだ。

家康は秘蔵の屏風だとして渋ったが、満天姫を不憫《ふびん》に思い、屏風の左隻を手元に置き、右隻を与えた。満天姫は、屏風と、正之の忘れ形見の直秀《なおひで》を連れて、津軽氏に嫁いだのである。

満天姫が嫁ぐ前、信枚には辰姫《たつひめ》という妻がいた。辰姫は関ケ原の合戦で敗れた石田三成《みつなり》の娘であった。関ケ原の勝者と敗者の娘が同じ男の妻になったのである。

当然、満天姫を迎えるにあたって、辰姫をそのままにしておくわけにはいかず、津軽藩の飛び地である上野国《こうずけのくに》（群馬県）大舘《おおだち》に辰姫を移した。

信枚は参勤交代の折には、必ず辰姫のもとに立ち寄った。辰姫は信枚の子の信義《のぶよし》を産んだが、病気で辰姫が亡くなると、満天姫が養母として信義を引き取り、養育する。

一方、満天姫の実子の直秀は、自分が福島氏の血を引き、家康の孫であることから、徳川幕府に断絶していた福島氏の再興《さいこう》を願い出たいと考える。

直秀の行動は、津軽氏のお家の命取りになる可能性があった。再三にわたり満天姫は直秀に自重《じちょう》を促したが、聞き入れる様子はなかった。

そこで直秀が江戸に旅立つ日の朝、満天姫は挨拶にきた直秀に毒を盛って殺した。満天姫としては、津軽氏の存続こそが、自分の使命であると自覚していたのだ。

満天姫は、婚家の安泰《あんたい》を図るために、家康と敵対した三成の娘の辰姫が産んだ子である信義を立派に育てて三代藩主とし、自分のお腹を痛めた実子の直秀を毒殺せねばならなかった。その運命は、数奇《すうき》と呼ぶにはあまりにもつらい人生であった。

【所在地】青森県弘前市下白銀町一
【交通アクセス】JR奥羽本線「弘前」駅から弘南バス「百円循環バス」で約一五分「市役所前」下車、徒歩すぐ

# 新府城と武田勝頼の正室「北条夫人」

## 織田軍侵攻でも夫のもとを離れず

平成二八（二〇一六）年のNHK大河ドラマ「真田丸」でも登場した新府城《しんぷ》（山梨県韮《にら》崎《さき》市）は、天正九（一五八一）年二月から真《さな》田昌幸《だまさゆき》が普請《ふしん》奉行となり武田氏の居城として築城を開始した。

城は完成していなかったが、武田勝頼《かつより》は、同年一二月二四日に新府城に入城する。だが、わずか三カ月で城を棄てることになる。織田軍の侵攻を恐れて、みずから城に火を放ったのである。

武田氏が滅亡への坂を転げ落ちるきっかけは、天正三（一五七五）年に織田・徳川連合軍と交えた長篠《ながしの》の合戦での敗北だった。

長篠の敗北から一年八カ月後、武田氏と北条《ほうじょう》氏は「甲相同盟」を結び、一四歳になる北条氏康《うじやす》の末娘が、三二歳の勝頼のもとに嫁ぐ。この末娘が北条夫人である。

勝頼には、織田信長の養女として武田氏に嫁いだ遠山《とおやま》夫人が正室としていたが、嫡男《ちゃくなん》の信勝《のぶかつ》を産んだ際に、難産のため亡くなっていた。

北条夫人が武田氏に嫁いで間もなくの天正六（一五七八）年、上杉謙信《けんしん》が亡くなると、後継者争いが上杉氏家中で勃発（御館《おだて》の乱）した。

勝頼は、北条夫人の兄である北条氏政《うじまさ》の要請で、北条氏から上杉氏に養子として入っていた上杉景虎《かげとら》に加勢したが、北条氏の動きが

新府城本丸跡

鈍いため、もう一人の養子である謙信の姉の子の上杉景勝《かげかつ》にくら替えする。

そのため、勝頼の支援を失った景虎は景勝に敗れると自害した。しかも勝頼は、妹の菊《きく》姫《ひめ》を景勝の正室に送り込んだ。これによって、わずか二年で甲相同盟は解消となる。

同盟の解消にともない、勝頼は北条夫人を離縁させ、実家の小田原城（神奈川県小田原市）に戻そうとしたが、北条夫人は勝頼のもとを離れなかった。衰退の一途をたどる武田氏だったが、離縁せず勝頼と一緒に生きる道を選択したのである。

武田氏の菩提寺である恵林寺《えりん》（山梨県甲府市）の快川和尚《かいせんおしょう》は、北条夫人について「若いが気高く慈愛に溢れ、誰にでも優しく接する人」だったと書き残している。

勝頼は決して愚将《ぐしょう》ではなかったが、父であ

る信玄《しんげん》の時代から仕えた武田氏の家臣たちは、一人また一人と勝頼のもとを去ってぃた。そして、天正一〇（一五八二）年正月、勝頼の姉の真里姫《まりひめ》が嫁ぐ木曽義昌《きそよしまさ》までもが裏切ったのである。

戦国時代は、親兄弟や一族のあいだでの騙《だま》し合い、裏切り、殺し合い、争いごとがたびたび起こった。

勝頼にとって、自分の姉である真里姫が嫁いだ義昌の裏切りは、武田氏の滅亡を予感させる始まりだったかもしれない。

北条夫人は、武田氏の危機に際し、武田八幡神社（山梨県韮崎市）に願文《がんもん》を奉納し、武田氏の安泰《あんたい》を願った。現在も、北条夫人の自筆の願文は現存している。

信長が支配する美濃《みの》国（岐阜県）との国境にある福島城（長野県木曽町）を居城とする義昌の裏切りは、武田領内への織田軍の侵攻を早める可能性があった。

勝頼は義昌征伐のための軍を派遣する。義昌は、地の利を得た戦術と織田信忠《のぶただ》の加勢もあり、鳥居峠にて武田軍を撃退した。

武田軍が新府城から出陣する前日の天正一〇（一五八二）年二月二日、武田氏の人質になっていた義昌の七〇歳の母、一三歳の嫡男の千太郎《せんたろう》、一七歳の長女の岩姫《いわひめ》が処刑されている。

勝頼が予想した通り、織田軍は一気に信濃《しなの》国（長野県）に侵攻してきた。完成していない新府城では、籠城しても織田軍に対抗できないとして、昌幸は勝頼に、真田氏の城である岩櫃《いわびつ》城（群馬県東吾妻町）に移り、態勢を立て直すべきだと進言する。

ところが、勝頼は、武田氏と姻戚関係にあ

る小山田信茂《おやまだのぶしげ》が治める岩殿城《いわどの》（山梨県大月市）に移ることにした。

北条夫人と嫡男の信勝《のぶかつ》、家来約五〇〇人を従え、岩殿城を目指した。もう少しで岩殿城に着くというところで、勝頼は信頼していた信茂に裏切られる。そのため、天目山栖雲寺《てんもくざんせいうんじ》（山梨県甲州市）に行き先を変更する。このとき、勝頼は「昌幸の進言を聞き入れていればば」と思ったに違いない。

三月一一日、勝頼らは、滝川一益《たきがわかずます》が率いる織田軍に包囲される。勝頼は北条夫人に実家の小田原城まで逃げるように説得する。しかし、北条夫人は勝頼から離れようとはしなかった。

最後は天目山にて、勝頼、信勝とともに、北条夫人も自刃《じじん》した。一九歳という若さだった。

【所在地】山梨県韮崎市中田町中條上野
【交通アクセス】ＪＲ中央本線「新府」駅下車、徒歩約一五分

# 安土城と信長の側室「お鍋の方」

## 息子を救った信長に尽くした生涯

織田信長が生涯のなかで、最後に愛した女性がお鍋《なべ》の方《かた》だ。

天文一四（一五四五）年、お鍋の方は、近江国《おうみのくに》（滋賀県）野洲郡北里村日野の豪族だった高畠源十郎《たかばたけげんじゅうろう》の娘に生まれる。

時期は不明だが、お鍋の方は山上城《やまがみ》（滋賀県東近江市）を居城とする小倉賢治《こくらかたはる》に嫁ぎ、甚五郎《じんごろう》と松千代《まつちよ》の二人の息子を産んだ。

永禄七（一五六四）年、小倉氏は六角氏《ろっかく》と激突し敗退する。賢治は逃げる途中で捕らえられ自害し、二人の息子は六角氏の人質として連れ去られる。

お鍋の方は、信長に書状を書き、二人の息子の救出を依頼する。信長はかつて京都において斎藤義龍《よしたつ》の暗殺団に狙われた。その際、賢治は信長を助け、八風峠《はっぷう》越えの難路を案内したのだ。

信長はすぐにお鍋の方の頼みを聞き入れると、六角氏から二人の息子を取り戻すことに成功。そして、お鍋の方は信長の側室となり、岐阜城（岐阜県岐阜市）で暮らすようになる。二人の息子も信長の家来となった。

お鍋の方は、信長とのあいだに二男一女をもうけ、側室でありながら御台所《みだいどころ》（貴人の妻）の地位となる。

信長が岐阜城から安土城《あづち》（滋賀県近江八幡市）に居城《きょじょう》を移すときも、お鍋の方は同行した。

お鍋の方が信長と過ごした安土城が聳《そび》え立

安土城大手道

つ安土山は、標高一九九メートルの丘であり、高い山ではないが、それでも近江一円を見渡すことができた。東海・北陸と京都を結ぶ要地にあり、京都までは一日の行程にある。北・東・西の三方を琵琶湖に囲まれた要害の地でもあった。

要害の地に山城《やまじろ》を築くという発想自体は、戦国大名であれば誰もが考えることだが、その構造には信長の画期的な発想が盛り込まれている。

当時の城の多くは、敵が攻めてきた時に守りやすいように、何重にも道をくねくねとさせるのが常識であったが、安土城は、天主（安土城のみが天守のことを天主と呼ぶ）へと続くいちばん重要な道を真っ直ぐに作った。

信長の心意気は、武田信玄《しんげん》や上杉謙信《けんしん》のように、一つの地域だけを「守る城」ではなく、「天下を治め統一する城」をイメージしたため、真っ直ぐな道になったといわれている。

　安土城の天主は不等辺八角形の天主台に、

安土城天主の模型

五層地上六階、地下一階、高さは石垣上から三二・五メートル、本丸から四六メートルという巨大なものであり、琵琶湖の湖面から計算すると、安土城頂上部分までの高さは「霞が関ビル」に匹敵するものであった。

　外観は最上階に金、次階は朱で塗られ、金《きん》箔瓦《ぱくがわら》が葺《ふ》かれて金色に輝く豪華なものであった。三階までは吹き抜けで、その中央には宝塔が納められ、狩野永徳《かのうえいとく》・光信《みつのぶ》らの金碧障壁画《きんぺきしょうへきが》などに彩られた内装で飾り立てられていた。

　安土城天主はその規模や意図において、それまでの城郭にはない発想に基づいていた。

　近世城郭における権威の象徴としての天守は、この安土城によって確立したといってもいいだろう。

　安土城は、当時の人々の耳目を集め、信長は彼らから入場料一〇〇文を徴収して一般公開していたともいわれている。

さらに、安土の城下には斬新な政策が次々と実行され、楽市楽座《らくいちらくざ》の施策や関所の撤廃などで経済都市として繁栄し、家臣たちが在所《ざいしょ》を離れて城下に住むことで、兵農分離《へいのうぶんり》も進んだ。

キリシタン宣教師ルイス・フロイスは安土城天主を目にした驚きを『耶蘇会《やそかい》士日本通信』の中で、ヨーロッパに広く伝えている。

一方、お鍋の方の安土城での平和な暮らしは長くは続かなかった。

天正一〇（一五八二）年六月二日、信長が明智光秀《あけちみつひで》の謀叛によって、京都・本能寺で横死《おうし》したからだ。このとき松千代が忠死している。

安土城も本能寺の変から一三日後に原因不明の火災により灰燼《かいじん》に帰してしまう。豪華をきわめ絢爛《けんらん》と輝いていた天主も、わずか三年の運命だった。

信長の後継者となった羽柴（のちの豊臣）秀吉は、お鍋の方に化粧料《けしょうりょう》五〇〇石を与え保護する。信長とのあいだに生まれた信吉《のぶよし》、信高《のぶたか》にも領地を与えた
だが、慶長五（一六〇〇）年の関ケ原の合戦で、信吉、信高は、豊臣方（西軍）に味方したため、所領は没収されてしまう。慶長七（一六〇二）には、信高が病死する。
お鍋の方はその後、淀殿《よどどの》から五〇石を与えられ、京都で晩年を過ごし、慶長一七（一六一二）年六月二五日、死去した。賢治とのあいだに産まれた二人の息子を救出してくれた信長に最後まで献身的に仕え、死後も、菩提を弔《とむら》い続けた生涯だった。

【所在地】滋賀県近江八幡市安土町下豊浦
【交通アクセス】JR東海道本線（琵琶湖線）「安土」駅から徒歩約二〇分

# 中津城と黒田官兵衛の正室「光」

## 関ヶ原の合戦では大坂から脱出

黒田官兵衛《かんべえ》の妻として、戦国の世を生きた光《てる》は、天文二二（一五五三）年、播磨国《はりま》（兵庫県）志方城《しかた》（加古川市）の城主だった櫛橋伊定《くしはしこれさだ》の娘として生まれた。

永禄一〇（一五六七）年、黒田氏と櫛橋氏が仕えていた小寺政職《こでらまさもと》が仲人となり、二人は結婚する。このとき、官兵衛は二二歳、光は一五歳だった。

平成二六（二〇一四）年に放送されたNHK大河ドラマ「軍師官兵衛」では、官兵衛を岡田准一が、光を中谷美紀が演じている。ドラマでは二人の仲むつまじい様子が描かれていたが、実際の二人の関係もドラマと同じだったようだ。

官兵衛は側室をもうけず、正室の光のみを妻とした。二人のあいだには松寿丸《しょうじゅまる》（のちの長政《ながまさ》）と熊之助《くまのすけ》が生まれる。

光には櫛橋氏を継いだ兄の政伊《まさこれ》と上月景貞《こうづきかげさだ》に嫁いだ姉（氏名不詳）がいた。

官兵衛は羽柴（のちの豊臣）秀吉の軍師として毛利氏攻めに参加した。一方、櫛橋氏と上月氏は毛利氏に味方したため、秀吉軍に敗れると、最後は政伊と景貞は自刃《じじん》した。残された子供たちは、官兵衛が引き取り、以後は光が育てる。

天正六（一五七八）年一〇月、秀吉軍に加わっていた荒木村重《むらしげ》が、織田信長に反旗を翻し、有岡城《ありおか》（兵庫県伊丹市）に籠城する。

中津城天守

官兵衛は信長の命を受け、村重を説得するために有岡城に向かうも、捕えられて城内の土牢《どろう》に約一年間にわたって幽閉《ゆうへい》されるが、有岡城の落城後に解放される。この間、信長は官兵衛が村重に寝返ったと考え、秀吉に対して、織田氏に人質として預けられていた松寿丸を殺すように命じた。

だが、松寿丸は秀吉のもう一人の軍師だった竹中半兵衛《たけなかはんべえ》が匿《かくま》う。官兵衛が有岡城から無事に戻り、疑念が晴れると、松寿丸は光のいる姫路城（兵庫県姫路市）に帰郷することができた。

命は助かったが、幽閉から解放された官兵衛の体は、膝の関節が曲がり、髪の毛が抜けて禿頭《とくとう》となった。

信長が京都・本能寺で明智光秀《あけちみつひで》の謀反により横死《おうし》すると、秀吉の軍師として留守をすることが多い官兵衛に代わって、光は黒田氏家中を内助の功で支え続けた。

「信長が光秀の謀叛によって、京都・本能寺で討たれた」という悲報が、秀吉にもたらされた際、官兵衛は「秀吉様が天下人を取る絶好の機会です。逆臣の光秀を討って天下を取りましょう」と激励したといわれている。

秀吉は毛利氏の外交僧の安国寺恵瓊《あんこくじえけい》を交渉役として、備中高松城《びっちゅうたかまつ》（岡山県岡山市）に籠城する将兵の命を助ける代わりに清水宗治《しみずむねはる》に切腹させ、毛利氏からの領地割譲を五カ国から三カ国に減らすという条件で和睦《わぼく》を成立させる。

毛利氏と和睦を結んだ秀吉は、官兵衛の部隊を殿《しんがり》として残し、秀吉軍約二万人の主力部隊は一斉に畿内に向けて反転した。官兵衛は毛利氏が信長の死に気付き、追撃してくる可能性を考え、堰堤《えんてい》を決壊させて毛利軍の動きを封じたうえで、秀吉軍の主力部隊の後を追った。

秀吉軍は備中高松城から姫路城に立ち寄り、大坂までの約一八〇キロの行程（備中高松から摂津富田）を六日間で駆け抜けている。

道路事情が現代とは比べものにならないほど悪かったこの時代に、常識では考えられない速さで行軍ができたのには理由があった。

将兵が身に付ける甲冑《かっちゅう》や武具をすべて姫路城で貸し与えるとして、将兵たちを身ひとつで走らせたのである。官兵衛の指示で農民らに金をばらまき、道中では走りながら食べられる握り飯などを農民たちに提供させるように手配した。また、将兵の士気を高揚させるために姫路城の金蔵を開けて、金品を分配したといわれている。これが世にいう「秀吉の中国大返し」だ。

官兵衛は慶長五（一六〇〇）年の関ケ原の合戦では、石田三成《みつなり》との確執から、徳川方（東軍）に味方する。大坂の黒田屋敷にいた光は、ひそかに脱出し、黒田氏の居城である中津《なかつ》城（大分県中津市）に逃げのびる。

このときの逃走劇を成功させたのは、官兵衛に若いときからに仕えていた家臣の栗山利《くりやまとし》安《やす》と母里太兵衛《もりたへえ》の二人のお陰だ。

その後は、光は、中津城、そして福岡城（福岡県福岡市）で晩年を過ごし、寛永四（一六二七）年八月二六日、七五歳で亡くなった。

ちなみに、官兵衛は慶長九（一六〇四）年三月二〇日に亡くなり、長政も元和九（一六二三）年八月四日に亡くなっており、光は官兵衛や長政よりも長く生きたことになる。

熊之助については、慶長二（一五九七）年七月、中津城で留守中、長政の朝鮮出兵（慶長の役）に加われなかったことを嘆き、中津城から抜け出し、秘密裏に朝鮮へ渡る途中、船が嵐に遭い転覆し、一六歳で死去している。

【所在地】大分県中津市二ノ丁本丸
【交通アクセス】JR日豊本線「中津」駅から徒歩約一五分

## 米沢城と直江兼続の正室「お船」

### 時に夫を叱り、夫の死後も藩に尽くす

平成二一（二〇〇九）年に放送されたNHK大河ドラマ「天地人」の主人公の直江兼続《なおえかねつぐ》の妻がお船《せん》である。ドラマでは兼続を妻夫木聡が演じ、お船を常盤貴子が演じている。

お船は活発で、姉のお悠《ゆう》とともに上杉氏の重臣の直江氏の美人姉妹として評判だった。お船と兼続はいとこ同士だったが、お船自身は、姉貴風を吹かしながらも、兼続に対して想いを寄せていた。

しかし、お悠が仏門に入ることになったため、跡継ぎのいない直江氏の後継を得るために、お船は婿を取ることになり、兼続への想いをあきらめ、長尾信綱《ながおのぶつな》と結婚する。

結婚後は家老の妻として、上杉家中の出来事に深く関わる。天正六（一五七八）年の上杉謙信《けんしん》急死後、家督《かとく》をめぐって謙信の養子である景勝《かげかつ》（実父は長尾政景《まさかげ》）と上杉景虎《かげとら》（実父は北条氏康《ほうじょううじやす》）とのあいだで起こった「御館《おたて》の乱」では、政景の正室の仙桃院《せんとういん》への使者を買って出て、景虎を降伏へ導く働きをみせている。

信綱との結婚生活は長くは続かなかった。信綱が春日山《かすがやま》城（新潟県上越市）で不慮の死を遂げたのだ。

すると、主君の景勝の命でお船は兼続を養子として迎え再婚する。引き続き家老の妻として二人三脚で上杉氏を支え、その睦まじい姿は「雛《ひな》の一対」のようだといわれた。ま

米沢城跡

た、兼続は側室を持たず、愛に満ちた家庭を築いていった。

豊臣秀吉の天下統一後、お船のことを姉のように慕う景勝の正室の菊姫《きくひめ》（武田信玄《しんげん》の娘）が、文禄四（一五九五）年、秀吉の人質として、京都・伏見屋敷での生活を余議なくされると、幼い三人の子供を兼続に託して、足かけ五年、お船は菊姫と人質生活をともにした。

一方、兼続は秀吉から認められ、家老の身でありながら、秀吉から米沢《よねざわ》三〇万石を与えられるほどであった。

慶長五（一六〇〇）年の関ケ原の合戦では、兼続が石田三成《みつなり》と親しかったため、上杉氏は豊臣方（西軍）に味方した。そのため、徳川家康による戦後処理の過程で、お家存亡の窮地に立たされる。

景勝に代わって、自分の命を差し出す覚悟で家康に謝罪に向かう兼続に対し、お船は「今生《こんじょう》の別れ」と覚悟して見送った。結果は、兼続の主君を思う釈明に家康も感動し、景勝も兼続も命を救われた。だが、領地は会津一二〇万石から、兼続の所領であった米沢三〇万石だけとなった。

領地を大幅に減封《げんぽう》された上杉氏にとって、家臣全員を会津から米沢へ連れていくことは無謀だったが、兼続は「人こそ組織の財産なり」として一人も見捨てることはしなかった。そして、お船の内助の功に支えられながら、米沢藩の基礎を築いていくのである。

兼続の関ケ原の合戦での判断は正しかったのか。大河ドラマ「天地人」では、上杉氏と同じく領地を大幅に減封された豊臣方（西軍）の総大将の毛利輝元《もうりてるもと》と兼続が会談する場面で、二人が涙するシーンが描かれている。

上杉氏の領地が、一二〇万石から三〇万石になったことは、現代ならば年収一二〇〇万円で生活していた人が、三〇〇万円に生活レベルを下げるようなものだ。兼続は自分の判断の誤りで、上杉氏を危機に陥らせたことを後悔し、自分を責めたに違いない。

打ちひしがれている兼続に対して、お船は、「あなたが落ち込んでいて、お家を誰が守るのですか！」と叱り飛ばし、勇気づける。すると、兼続も目が覚めたのか、減らされた石高《こくだか》をカバーするため、様々な事業（治水工事や新田の開発）を推し進めていった。

慶長九（一六〇四）年、景勝の正室の菊姫は子供ができないまま亡くなる。同じ年、景勝の側室の四辻氏《よつつじうじ》とのあいだに待望の上杉氏の跡継ぎとなる定勝《さだかつ》が誕生した。ところが、産後の肥立《ひだ》ちが悪く、四辻氏も亡くなると、お船は定勝を引き取り、わが子のように育てた。

お船は兼続とのあいだに一男二女をもうけたが、子供たちは早世《そうせい》したため、定勝の成長が唯一の生きがいとなる。その思いが伝わったのか、定勝もお船を本当の母親のように慕うようになった。

お船は元和五（一六一九）年、六三歳で兼続にも先立たれると、剃髪《ていはつ》して貞心尼《ていしんに》と号した。四年後、景勝が亡くなり、定勝が二代藩主となると、手明組《てあきぐみ》（家臣）四〇人が与えられ、定勝の良き相談役として、藩政に関与する。

加えて、定勝のお船に対する感謝の気持ちからだろうか、上杉氏の石高から考えれば、破格の化粧料《けしょうりょう》三〇〇〇石が、お船に与えられた。

このような破格の化粧料が与えられた女子は、お船以外には、豊臣秀吉の正室の寧々《ねね》と、徳川幕府第三代将軍の家光《いえみつ》の乳母を務め、大奥を作った春日局《かすがのつぼね》だけだ。

寛永一三（一六三六）年、お船が病に倒れると、定勝はみずから見舞いに訪れ、病気平癒を祈願した。しかし、定勝の願いもかなわず、同一四年一月四日、お船は八一歳で亡くなる。

お船の人生は、兼続とともに上杉氏に尽くす生涯であった。

【所在地】山形県米沢市丸の内
【交通アクセス】ＪＲ山形新幹線「米沢」駅からバス約一〇分「上杉神社前」下車

# 熊本城と加藤清正の母「伊都」

## 入城後剃髪、武運を祈る

加藤清正《きよまさ》の母の伊都《いと》は、天文二（一五三三）年、尾張国《おわり》（愛知県西部）中村（名古屋市中村区）で生まれた。

清正の祖父の清信《きよのぶ》は、美濃国《みの》（岐阜県）の斎藤道三《どうさん》の家来だったが、天文六（一五三七）年に犬山城（愛知県犬山市）の合戦で命を落とす。

その後、父の清忠《きよただ》も道三の家来として仕えていた。だが、道三が息子の斎藤義龍《よしたつ》に殺されると、清忠は母の曽根《そね》を連れて中村まで戻った。途中、足をけがしたため、清忠は武士をやめ、鍛冶屋の清兵衛《きよべえ》に技術を学ぶ。このとき、伊都と親しくなり結婚する。

永禄五（一五六二）年六月二四日、伊都は清正を産む。清正が一三歳のとき、清忠が亡くなった。清正の将来を案じた伊都は、清正を羽柴（のちの豊臣）秀吉のもとに連れていき、家臣として召し抱えてくれるよう頼んだ。

秀吉の母のなかと伊都がいとこで、伊都の義妹が、秀吉の妻の寧々《ねね》と姉妹だったこともあり、秀吉は喜んで清正を召し抱えた。

寧々は清正を自分の子供のように可愛がり、面倒をみた。秀吉のもとで、子飼いの家臣として成長し、出世していく。

清正は伊都の影響を受け、日蓮宗の信者となった。亡き父が母想いであったように、清正も母に孝養を尽くした。

熊本城大天守と小天守

賤ケ岳《しずがだけ》の合戦で武功を挙げた清正は、三〇〇〇石の家臣となり、亡き父のために日蓮宗の本妙寺《ほんみょう》（大阪府摂津市）を建立する。

天正一六（一五八八）年、清正が二五歳のとき、秀吉から肥後《ひご》半国（熊本県北部）一九万五〇〇〇石を与えられると、伊都も一緒に熊本城（熊本県熊本市）に入城した。

清正がいつから熊本城の築城を開始したかは不明だが、熊本城は全長五・三キロ、敷地面積九八万平方メートル。五層六階地下一階の天守を擁し、各郭《かくくるわ》に五層櫓《やぐら》、三層櫓という重層櫓が配され、緑辺部をほとんど多聞《たもん》櫓によって囲い込んでいた。

各郭が一つの小城郭《じょうかく》のように機能し、本丸へ至るには、これら小城郭を陥落させせなければならなかった。

また、四〇メートルを超える高石垣《たかいしがき》に反《そ》り

をつけた「扇《おうぎ》の勾配（下は緩やかで上にいくほど垂直となる）」の石垣を編み出した。これが有名な「武者返し《むしゃがえし》」だ。築城に要した石は一五万個にものぼった。

城内には一二〇もの井戸が掘られ、土塀や畳にカンピョウや芋茎を大量に混ぜ合わせ、天守の地下倉には塩、梅干しなども備蓄されていた。朝鮮出兵中の蔚山《ウルサン》の合戦で、清正らが籠城した蔚山城には食糧の備蓄がなく、井戸もなかったため、飢餓の地獄を経験したことが熊本城の築城に活かされている。

熊本城は、一大名の城郭としては、日本一の城郭と評価しても過言ではない。

一方、伊都は熊本城に入城すると剃髪《ていはつ》し、天室日光尼と号して清正の武運を仏に祈る日々を過ごすようになる。清正も朝鮮出兵では、みずから彫刻した伊都の像を持ち込み、陣中で拝んだといわれている。

慶長五（一六〇〇）年、伊都は熊本城内で亡くなった。六八歳だった。同じ年、清正は亡き父のために建てた本妙寺を大坂から熊本城内に移し、母の想いに報いた。伊都の三回忌には常光寺《じょうこうじ》（熊本市）も建てる。

伊都が亡くなっても、伊都に対する清正の想いは、いつまでも消えることはなく、本妙寺に安置した両親の霊にお参りすることを欠かすことはなかったという。

平成二〇（二〇〇八）年四月、築城四〇〇年を迎えた熊本城は本丸御殿などが復元された。本丸御殿のいちばん奥まった場所には、中国前漢時代の悲劇の美姫の王昭君《おうしょうくん》の絵が描かれた「昭君之間」と呼ばれる貴人のための部屋が復元されている。一説には豊臣秀頼《ひでより》を迎えるための部屋であったなどという多くの

本丸御殿「昭君之間」

伝承もあり、「昭君」は「将軍」に通じる秀頼を象徴する隠語で、美女の絵は一種のカモフラージュだったという説もある。

慶長一六（一六一一）年、清正は二条城（京都市中京区）での徳川家康と秀頼の会見に同席後、秀頼を大坂城（大阪府大阪市）に送り届け、熊本に帰る途中に、脳溢血《のういっけつ》で倒れた。何とか熊本城までは帰り着いたものの、意識は戻らず、五〇歳の生涯を閉じた。

【所在地】熊本県熊本市本丸一の一
【交通アクセス】ＪＲ鹿児島本線・九州新幹線「熊本」駅から熊本市電で約一〇分「熊本城前」下車、徒歩約一〇分

# 勝龍寺城と「細川ガラシャ」

## 父光秀を裏切った細川忠興への想い

天正六（一五七八）年八月、織田信長の媒酌で、細川藤孝《ほそかわふじたか》の長男の忠興《ただおき》と、明智光秀《あけちみつひで》の二女の玉《たま》（のちのガラシャ）は一六歳どうしで結婚する。

信長にとって、光秀は羽柴（のちの豊臣）秀吉、柴田勝家《しばたかついえ》らとともに、織田氏の家臣団の中核をなす武将であり、藤孝も足利《あしかが》幕府から続く名門武家に生まれ、公家とのパイプ役として信長を支えていた。

玉は光秀の居城である坂本城（滋賀県大津市）から、舟で琵琶湖を下り、忠興の待つ勝龍寺城《しょうりゅうじ》（京都府長岡市）に入り、祝言《しゅうげん》を挙げた。きりりとした上品な顔立ちの忠興と美貌の玉は、似合いの夫婦であった。平成二八（二〇一六）年のNHK大河ドラマ「真田丸」では細川ガラシャを橋本マナミが演じている。

翌年には長女が、次の年には長男が生まれ、幸せな生活が続くなか、信長の命により、忠興は丹後宮津城《たんごみやつ》（京都府宮津市）に加増されて転封《てんぽう》となる。

だが幸せな生活は長くは続かなかった。天正一〇（一五八二）年六月二日、光秀が謀叛を起こし、信長を京都・本能寺で倒したのだ。

ところが、光秀の天下も長くは続かなかった。有名な「秀吉の中国大返し」によって、光秀と秀吉は山崎（京都府大山崎町）にて激

勝龍寺城虎口跡

突する。このとき、藤孝・忠興の父子は光秀の期待を裏切り、秀吉軍に味方した。その後、藤孝は細川氏を守るため出家し、幽斎《ゆうさい》と号する。

山崎の合戦に敗れた光秀は、勝龍寺城に逃げ込み、夜を待って脱出し、再起を図ろうと坂本城に向かう途中、百姓の槍に衝かれ負傷し、自刃《じじん》して亡くなる。

忠興は、秀吉軍に味方したとはいえ、逆臣の娘である玉と離縁することができず、秀吉から許しが出る二年後まで、奥丹後半島の山中の味土野《みどの》に幽閉《ゆうへい》した。

夫婦のあいだに複雑な思いが生まれたのは、玉が幽閉され、二人が別々に暮らしていたときだ。忠興は玉に恋着《れんちゃく》し、一方の玉も、父を殺した敵の一人である忠興への想いを捨て切れなかった。

秀吉の許しを得て、玉を細川氏の大坂屋敷に呼び戻した忠興であったが、幽閉中に忠興が側室を持ったことに、玉は激怒する。

なぜなら、自分の父の光秀も、忠興の父の藤孝も側室を持たなかったのに、自分がいないあいだに側室を持ったからだ。側室の存在は、玉を不愉快にしていった。

忠興は、側室を持ちながら、玉への複雑な愛情から、玉を一歩も屋敷の外に出さず、ほかの男に玉の姿を見せようとはしなかった。

ある朝、手水《ちょうず》（手洗い）に出た玉が、植木職人に声をかけ、男が玉にあいさつを返すのを見ただけで、忠興が男の首をはねるという事件が起きた。

玉は当時、うつ病に悩まされており、表情ひとつ変えず、罵《ののし》ることもしなかった。無表情の玉に、忠興は唖然とした。生首を目の前に置いても、玉は動じなかった。忠興が「お前は蛇だ」と怒鳴ると、玉は「鬼の女房には蛇がなるのさ」と答えたという。

荒《すさ》んだ玉の心に、昔の優しさを取り戻すときがくる。キリスト教との出会いだ。

天正一五（一五八七）年二月、玉は復活祭の日に教会を訪ね、スペイン人宣教師セスペデスから説教を聴いた。侍女の清原《きよはら》マリアを介して教義を学び、敬虔《けいけん》なキリシタンに変身していった。同年八月、マリアから洗礼を受けて、神の寵愛を意味する「ガラシャ」という教名を授かる。

これに驚いた忠興は、秀吉がキリスタン禁止令を出したばかりであり、ガラシャに対して苛烈な棄教《ききょう》を迫った。だが、ガラシャは屈せず、むしろ殺されることを切望した。

忠興はガラシャの強い意思に負け、秀吉の

禁制が緩和されると、逆に屋敷内に聖堂をつくり、孤児院を建てた。ガラシャは、息子や娘、侍女たちの改宗にも努めた。

慶長五（一六〇〇）年、石田三成《みつなり》と徳川家康が対立するなか、忠興は上杉討伐に向かう家康に従軍して関東に下った。

このとき、三成は、大坂屋敷に残る大名の妻たちを大坂城（大阪府大阪市）で人質に取ろうとした。ガラシャにも三成の兵が迎えに来たが、これを拒否し、死を覚悟する。

キリシタンにとって、自殺することは許されないため、ガラシャは白装束《しろしょうぞく》に身をつつみ、神に祈りを捧げながら、留守家老の小笠《おがさ》原少斎《わらしょうさい》に胸を衝かせた。

家臣が放った火によって、細川屋敷が炎につつまれるなか、ガラシャは三八歳の生涯を閉じた。最後は武士の妻として、忠興を支えたのである。

関ケ原の合戦で徳川方（東軍）が勝利すると、家康はガラシャの行動に心をうたれ、忠興に豊前《ぶぜん》国（福岡県東部、大分県北部）三二万石を与えた。

【所在地】京都府長岡市東神足
【交通アクセス】ＪＲ東海道本線「長岡京」駅から徒歩約一〇分

# 鶴ケ城と蒲生氏郷の正室「冬姫」

## 秀吉が目を付けた「美貌の未亡人」

織田信長は美濃国《みの》（岐阜県）の斎藤氏を滅ぼすと、永禄一一（一五六八）年、斎藤氏と同盟関係にあった近江国《おうみ》（滋賀県）の観音寺《かんのんじ》城（同市近江八幡市）を本拠とする佐々木六角《ささきろっかく》氏を攻撃し、降伏させる。翌年、佐々木六角氏家臣の蒲生賢秀《がもうかたひで》は、信長に臣従《しんじゅう》する姿勢をみせ、息子の氏郷《うじさと》を人質として差し出す。このとき、氏郷は一四歳だった。

すると、信長は氏郷にただならぬ才気を見いだし、みずからの手で元服《げんぷく》をさせる。翌年には初陣《ういじん》を果たすと、自身の娘である二女の冬姫《ふゆひめ》と婚姻させる。

この婚姻は、信長が氏郷の才能を高く評価したことはもちろんだが、佐々木六角氏の所領を円滑に治めるという信長の狙いもあったといわれている。

氏郷は信長が見込んだとおり、戦場においても期待通りの働きをみせた。

織田氏には美貌の女性が多いが、冬姫も美貌の持ち主だったようだ。氏郷と冬姫のあいだには一男一女が生まれ、夫婦仲は良好であった。

冬姫は蒲生氏の居城である近江日野《ひの》城（滋賀県日野町）に暮らしていたが、天正一〇（一五八二）年、「信長が京都・本能寺で家臣、明智光秀《あけちみつひで》に討たれた」という報を聞くと、ただちに行動を起こす。

信長の居城《きょじょう》であった安土《あづち》城（滋賀県近江八

鶴ヶ城（会津若松城）天守

幡市）には、義父の賢秀が留守役を任されていた。冬姫は「安土城に光秀が攻めてくる。一刻も早く、義父の救援に行く必要がある」と氏郷に進言したのだ。

氏郷は手勢を引き連れ、安土城に向かった。無事に賢秀を救い出し、信長の母、側室、冬姫とは腹違いの弟妹たち、さらには侍女たちも近江日野城に連れてきた。

冬姫には、信長の血が流れており、戦国を生き抜く女としての気丈さが備わっていたに違いない。

羽柴（のちの豊臣）秀吉が山崎の合戦で光秀を倒すと、秀吉のもとでも、氏郷は武功を重ねていく。そして、氏郷は黒川城（福島県会津若松市）を居城とする九二万石の大名となる。

徳川家康、毛利《もうり》元就《もとなり》に次ぐ全国三番目の石

高を得た氏郷は、東日本最大規模となる七層の天守を擁する城を築き、黒川城を鶴ケ城（会津若松城）に改称した。

秀吉による朝鮮出兵が開始されると、氏郷も出陣。だが、朝鮮出兵の拠点となっていた肥前《ひぜん》国名護屋（佐賀県唐津市）で病に倒れ京都に戻る。文禄四（一五九五）年、二年間の闘病生活の末、伏見《ふしみ》城（京都市伏見区）にて、四〇歳の若さで病没する。

氏郷の死後、蒲生氏の家中でお家騒動が起きると、慶長三（一五九八）年、秀吉は、跡を継いだ蒲生秀行《ひでゆき》を会津九二万石から下野《しもつけ》国（栃木県）宇都宮一八万石に転封《てんぽう》させる。代わって越後《えちご》国（新潟県）から上杉景勝《かげかつ》が一二〇万石を与えられ、鶴ケ城（会津若松城）に入城した。

実は、蒲生氏の転封には別の理由があったといわれている。

氏郷が亡くなったとき、冬姫は女ざかりの三五歳。未亡人になっても、冬姫の美貌は衰えることはなかった。すると、「美貌の未亡人」という噂は秀吉にも伝わり、再三にわたり冬姫に対して上京を求めてきた。

冬姫には、秀吉の魂胆がわかっていた。「上京すれば、秀吉の側室にさせられる」と考えていたのだ。

しかし、蒲生氏の家臣たちは、このまま秀吉からの上京の求めを断り続ければ、お家の将来にマイナスになるとして、冬姫に秀吉の要請を受け入れるように説得した。

上京する決意を固めた冬姫はある秘策を考えた。出家すれば側室にならずにすむと。

冬姫にとって、信長の血を引く自分が、秀吉の側室になることに我慢ができなかったのだろう。

秀吉は冬姫を上機嫌で出迎えたが、その姿を見て愕然《がくぜん》とした。その場では笑顔をつくってもてなしたが、冬姫のとった行動に、秀吉は怒り心頭となる。

冬姫が秀吉の側室になることを拒絶したことが、蒲生氏が石高を一挙に五分の一に減らされて転封になった本当の理由なのである。

蒲生氏が宇都宮に転封となって数カ月後、秀吉は亡くなる。関ケ原の合戦で豊臣方（西軍）に味方した上杉氏は出羽国《でわ》（山形県）米沢《よねざわ》に転封になり、徳川方（東軍）に味方した蒲生氏はふたたび六二万石を与えられ、会津に戻ることができた。

ところが、秀行は三〇歳で病没。跡を継いだ孫たちも相次いで早世《そうせい》したため、蒲生氏を継ぐ男子がいなくなる。

冬姫は寛永一八（一六四一）年、八一歳という長寿をまっとうしたことで、蒲生氏の断絶していく様《さま》を見届けることになったことは、辛かったに違いない。

【所在地】福島県会津市追手町一の一
【交通アクセス】ＪＲ磐越西線「会津若松」駅から会津バス「鶴ケ城まわり」で約一五分「鶴ケ城北口」下車、徒歩約三分

# 沼田城と真田信之の正室「小松姫」

## 義父の訪問拒絶、そのうらに機智と優しさ

徳川四天王の一人である本多忠勝《ほんだただかつ》の血を引く小松姫《こまつひめ》は、徳川家康の養女となって、天正一四（一五八六）年、真田信之《さなだのぶゆき》に嫁いだ。このとき、信之は二一歳、小松姫は一四歳だった。

結婚後の夫婦仲はいたって良好で、小松姫は長女のまんを筆頭に、長男の信政《のぶまさ》、二男の信重《のぶしげ》、二女のまさの二男二女をもうける。

真田氏といえば、徳川氏を三度（第一次上田合戦、第二次上田合戦、大坂夏の陣）にわたり痛めつけたことでも歴史上有名だ。それが、徳川の治世に、明治維新まで大名として生き残れたのは、小松姫の存在が大きかった。

小松姫の婿選びには一つの逸話がある。小松姫が徳川家康の前に居並ぶ若武者たちの髷《まげ》をつかんで次々と顔を覗《のぞ》いていくなか、信之は「御免」と鉄扇《てっせん》で小松姫の手を払いのけた。毅然とした信之の態度に、小松姫は心を惹かれて嫁いだというものだ。

平成二八（二〇一六）年のNHK大河ドラマ「真田丸」では信之を大泉洋が、小松姫を吉田羊が演じていたが、ドラマの中では、二人の出会いは、少し違う描きかたがされていた。

実際は、天正一三（一五八五）年の徳川軍と真田軍が激突した第一次上田合戦の後、徳川氏と真田氏の紛争を仲裁《ちゅうさい》した豊臣秀吉の斡

沼田城跡

旋によるものだといわれている。同じ年、信之の弟の幸村《ゆきむら》も秀吉の寵臣の大谷吉継《おおたによしつぐ》の娘であるお利世《りせ》（のちの竹林院《ちくりんいん》）を娶《めと》った。

時代が流れ、真田氏の運命を左右するときがきた。慶長五（一六〇〇）年の関ケ原の合戦だ。

合戦五三日前の七月二一日、下野国犬伏《しもつけのくにいぬぶし》（栃木県佐野市）に布陣していた真田昌幸《まさゆき》・幸村父子のもとに、石田三成《みつなり》から挙兵を知らせる密書が届く。昌幸は宇都宮（栃木県宇都宮市）に布陣していた信之を呼び寄せると、真田氏の取るべき道を話し合う。

結果、三人はそれぞれ敵味方に分かれて、妻の実家に味方することを決める。昌幸と幸村は豊臣方（西軍）に、信之は徳川方（東軍）となり、袂を分かつことになった。これが有名な「犬伏の別れ」といわれるものだ。

ちなみに昌幸の妻は、三成の妻と姉妹であったとされる。真田氏にとっては、どちらが勝っても真田の血が絶えないための行動であった。

昌幸・幸村父子は、籠城戦に備え、犬伏から真田氏の居城である上田城（長野県上田市）に馬を走らせた。途中、孫の顔を最後にもう一度見たいと思った昌幸は、小松姫が留守を預かる沼田城（群馬県沼田市）に立ち寄った。

親子で敵味方に分かれたとはいえ、昌幸は義父に対しては、城門を開けてくれるだろうと思っていた。しかし、小松姫は絶対に城門を開けようとはしなかった。

信之は、犬伏での密議の後、昌幸が上田城に戻る途中、沼田城に立ち寄ることを予測した。早馬を走らせ、敵対関係になったことを、小松姫に知らせていたのだ。

小松姫は城内から、昌幸に向かって次のように大声で叫んだという。

「父君の名を騙《かた》る不埒《ふらち》な奴。われは女なれど、沼田城主の真田信之の妻であり、徳川四天王の一人である本多忠勝の娘である。全員を捕らえて首を獲るぞ」

このとき、昌幸は、小松姫の堂々たる姿に驚嘆した。小松姫の態度は、あくまでも真田氏が敵味方に分かれたことを、沼田城を守る家臣らに認識させるためであった。小松姫はひそかに城近くの正覚寺《しょうかくじ》に昌幸・幸村父子を案内し、温かく酒や料理を出してもてなし、孫たちを昌幸に会わせた。

翌朝、昌幸は「さすが本多の娘よ。これで真田の血脈《けつみゃく》は安泰《あんたい》ぞ」と幸村にいい、上田城への道を急いだ。

昌幸・幸村父子は、上田城で徳川秀忠《ひでただ》の軍を遅滞させ、関ケ原に遅参させたが、徳川方が勝利したことにより、信之は沼田と上田の領地を安堵《あんど》されたが、昌幸・幸村父子は捕えられた。

信之は徳川氏への忠誠を誓って、命懸けで助命嘆願をし、小松姫も実父である忠勝を通じて家康に働きかけた。

結果、命だけは助けられ、高野山への入口に位置する九度山《くどやま》に配流《はいる》となる。すると、小松姫は昌幸・幸村父子のもとに金子《きんす》や信州の名産品などを送って、暮らしを助けた。

慶長一九（一六一四）年、大坂冬の陣が勃発すると、昌幸は亡くなっていたが、幸村は九度山を抜けだして大坂方に加わる。ふたたび真田氏は東西に分かれて戦うことになる。

小松姫は、病で出陣できない信之に代わり、長男の信政、二男の信重を出陣させた。翌年の大坂夏の陣で豊臣氏が滅びると、幸村は壮絶な死を遂げる。

その後も、真田氏の家名を守るため、小松姫は信之を支え続け、元和六（一六二〇）年、四八歳で亡くなった。信之は「わが家の灯りが消えた」と嘆いたという。

ちなみに信之は、小松姫のおよそ倍の九三歳という長寿をまっとうした。

【所在地】群馬県沼田市西倉内町五九四
【交通アクセス】ＪＲ上越線「沼田」駅からバスで約五分「沼田局前」下車、徒歩約五分

# 掛川城と山内一豊の正室「千代」

## 内助の功で二〇万石の大名へ

山内一豊《やまのうちかずとよ》の妻の千代《ちよ》は、内助の功で一豊を支えた賢夫人《けんぷじん》として知られる。一豊が武将として出世できたのは、千代のアドバイスがあったからだといわれ、戦前は「内助の功」の代表格として、修身（道徳）の教科書にも載っていた。平成一八（二〇〇六）年のＮＨＫ大河ドラマ「功名が辻」では一豊を上川隆也が、千代を仲間由紀恵が演じている。

千代の内助の功のエピソードは枚挙にいとまがない。特に有名なのが、天正九（一五八一）年の京都で「御馬揃《おうまぞろ》え」の儀式が行なわれたときの話だ。当時、一豊は織田信長に仕えていた。

御馬揃えとは、信長の面前に軍馬を揃えて点検する観閲式のようなもので、天皇も招いての一大行事であった。

この機会に、主君の信長の目に留まれば、出世できる可能性もあり、家臣の誰もが名馬を連れて儀式に臨んだ。

一豊も、他の家臣と同様に、名馬を連れていき、信長の目に留まりたいという気持ちから、馬市で見つけた立派な「東国一の駿馬《しゅんめ》」を手に入れたいと願った。

ただ、当時の一豊は下級武士の身分で、その日の暮らしもままならないほど貧乏だった。とても東国一の駿馬を手に入れるお金などないとあきらめていた。家に帰った一豊は、千代に「貧乏な生活を恨む。あの馬を手

掛川城天守

に入れれば、信長様の目に留まるだろうに」と嘆いた。

すると、千代は、黄金一〇両を嫁入り道具の鏡箱から取り出してきて、「いざというときに使うようにと、父から渡されたお金です。これで東国一の駿馬を手に入れて下さい」と渡した。

御馬揃えの儀式で、一豊はひと際目立つ名馬にまたがり、予想通り信長の目に留まった。馬の目利《めき》きを高く評価され、一挙に三〇〇〇石が加増されるという出世を遂げたのだ。

千代の「へそくり」がなければ、一豊は出世の道が開かれることもなく、下級武士のままで一生を終わる可能性もあった。千代は運を呼び寄せる妻といえるだろう。

本能寺の変のとき、一豊は、羽柴（のちの豊臣）秀吉に従い毛利氏攻めに参加していたため、明智光秀《あけちみつひで》追討の山崎の合戦に従軍する。以後、秀吉のもとで武功を挙げ、四〇歳のとき、近江国長浜（滋賀県長浜市）二万石の領主となる。

天正一八（一五九〇）年、秀吉は北条氏《ほうじょう》を滅ぼし、天下統一を成し遂げると、一豊は五万石を秀吉から与えられ、掛川城《かけがわ》（静岡県掛川市）の城主となる。

その日の暮らしもままならない下級武士から、五万石の城持ちにまで出世したのだ。しかし、一豊の出世は、これで終わったわけではない。

秀吉が亡くなると、徳川家康は会津の上杉景勝《かげかつ》を討伐するため、慶長五（一六〇〇）年六月一六日、諸将を率いて大坂城（大阪府大阪市）を出発した。上杉討伐には、一豊も従軍していた。

すると、七月一七日、間隙をぬって、石田三成《みつなり》が家康討伐の兵を挙げる。

このとき、大坂にいた千代は、三成挙兵の詳しい情勢を記し、「あなた様は家康公に忠誠を尽くすように。わが身はいざとなれば、自害いたします」と付け加えた密書を文箱《ふばこ》に入れ、家臣の田中孫作《まごさく》に託した。さらに、この書状を開封しないで家康公に直接渡すようにとの一豊あての文を、笠の緒に忍ばせて運ばせた。

一豊は、笠の緒の文を読むと、千代にいわれたとおりに、文箱を開けずに家康のもとに届ける。

千代からの文箱を受け取った家康は、彼女の情報提供に感謝するとともに、何が書いてあるかわからぬ文箱を、開封せずに届けた一豊の忠誠心を高く評価した。

千代のもたらした情報提供をもとに、下野《しもつけ》国（栃木県）小山で、今後の方針を決める軍議が開かれた。

まず、反三成の急先鋒の一人である福島正《まさ》則《のり》が「家康公にお味方する」と口火を切った。続いて、一豊が「掛川城を家康公に明け渡し、兵糧《ひょうろう》を提供したい」と発言すると、いっせいに東海道筋の城持ち大名は、城を差し出すことを申し出た。

正則、一豊の発言が軍議の流れを決定づけた。家康に従軍する諸将たちは、三成に妻女を人質として取られていたが、徳川方（東軍）として関ケ原の合戦に臨んだ。

軍議での一豊の発言も、千代が笠の緒に忍ばせた文のなかで指示したものであった。関ケ原では、一豊は大きな武功を立てることはできなかったが、家康の気持ちをつかむ夫婦連携による行動によって、掛川五万石の大名から土佐《とさ》国（高知県）二〇万石の大名にまで上り詰める。

一豊と千代は、その日の暮らしもままならない下級武士から立身出世を果たしたが、天正一三（一五八六）年一月一八日、近畿地方を襲った地震（天正大地震）は、一豊と千代を不幸のどん底に陥《おとしい》れた。長浜城（滋賀県長浜市）が倒壊し、一粒種《ひとつぶだね》のよね姫が下敷きとなり、わずか六歳で亡くなったのだ。

その後、一豊と千代は子宝に恵まれることはなく、山内氏は甥の忠義《ただよし》が家督《かとく》を継いだ。

偶然か、一豊と千代は、ともに六一歳で亡くなった。

【所在地】静岡県掛川市掛川一一三八の二四
【交通アクセス】ＪＲ東海道本線、東海道新幹線「掛川」駅から徒歩約七分

# 大坂城と秀吉の側室「淀殿」

## 正室と側室の代理戦争でもあった関ヶ原の合戦

淀殿《よどどの》は、もとは茶々《ちゃちゃ》と呼ばれていた。父は浅井長政《あざいながまさ》、母は織田信長の妹のお市《いち》の方《かた》で、永禄一二（一五六九）年に生まれる。

天正元（一五七三）年、織田軍の小谷城《おだにじょう》攻撃により、長政は自刃《じじん》。茶々は、母と妹二人とともに脱出し、信長のもとに引き取られた。

信長の死後、お市の方が、織田氏家臣の柴《しば》田勝家《たかついえ》と再婚したため、茶々も勝家の居城である北ノ庄城（福井県福井市）に移るが、勝家は賤ケ岳《しずがだけ》の合戦で羽柴（のちの豊臣）秀吉に敗れ、お市の方とともに自刃した。落城に際し、茶々は妹二人とともに秀吉の庇護のもとに置かれた。

当初、茶々は秀吉に憎しみを抱いていたが、次第に秀吉の気持ち受け入れ、側室となる。

天正一六（一五八八）年、茶々が懐妊すると、秀吉は出産のために淀城（京都市伏見区）を与えた。これ以後、淀殿と呼ばれる。

淀殿が捨《すて》（鶴松《つるまつ》）を産むと、秀吉は鶴松を後継者と位置付け、淀殿とともに天下統一のシンボルとして築城した難攻不落の巨城である大坂城（大阪府大阪市）に入れる。淀殿は側室とはいえ、秀吉の正室の寧々《ねね》（北政所《きたのまんどころ》）をしのぐ力を持つようになる。

しかし、鶴松は生来病弱でわずか三歳で亡くなる。秀吉は落胆し、甥の秀次《ひでつぐ》（秀吉の姉の子）を後継者として関白職を譲ったところ、ふたたび淀殿が懐妊し、大坂城で拾《ひろい》（秀《ひで》

大坂城天守

頼《より》）が産まれた。

当時の武家の慣わしでは、側室が世継ぎを産んだ場合、正室に預けられ育てられた。ところが、淀殿は秀頼を自分で育てるとかたくなに主張し、正室である寧々の面子を潰した。

寧々と淀殿の確執は、豊臣氏の行く末に暗い影を落としていく。

秀頼が生まれた翌年、秀次は関白職を解任され、秀吉の命により高野山で切腹させられる。秀吉は、秀次だけでなく、秀次の子女や妻妾《さいしょう》ら三〇余人とともに、家臣、関係の深い者たちも数多く成敗《せいばい》した。

一方、淀殿は秀頼が成人するまで秀吉に生きていてほしかったが、秀頼が六歳のとき、秀吉は六二歳で亡くなる。

秀吉の死から二年後の慶長五（一六〇〇）年、関ケ原の合戦が勃発する。

石田三成《みつなり》は、淀殿に秀頼の出陣を要請したが、淀殿は、「危険な戦場にわが子を出せぬ」と拒否する。

このとき、秀頼が出陣していれば、徳川方（東軍）に味方した豊臣恩顧《おんこ》の大名は、秀頼に弓を向けることができず、豊臣方（西軍）が勝利していたともいわれている。

まさに、わが子かわいさによる淀殿の失策といえるかもしれない。

関ケ原の合戦は、秀吉の正室の寧々と、側室の淀殿との代理戦争でもあった。秀吉の死後、寧々は「徳川の世が訪れる」と感じていたため、秀頼が一大名として生き残ることを願った。これに対し、淀殿は豊臣家五大老の一人である家康に天下人の座を渡したくなかった。「おのれ、家康と北政所……」

淀殿にしてみれば、寧々の態度は、豊臣の天下を徳川に売り渡し、豊臣を滅ぼす裏切り者に映っていたに違いない。

実際、寧々は、加藤清正《きよまさ》、福島正則《まさのり》、そして養子だった小早川秀秋《こばやかわひであき》に、家康に味方するように勧めている。秀秋は関ケ原では、豊臣方として出陣したが、最後は秀秋の裏切りにより徳川方が勝利したことは歴史が示すとおりだ。

関ケ原の合戦後、天下は家康のものとなったが、淀殿はこの事実を認めようとはしなかった。秀頼に臣従《しんじゅう》を求めてくる家康に対し、淀殿は断固拒絶し続けた。その強気の背景には、難攻不落の大坂城の存在があった。

しかし、家康は、淀殿・秀頼母子を次第に追い込んでいく。

慶長一九（一六一四）年、大坂冬の陣が始まる。豊臣氏の当主は秀頼だったが、淀殿が女城主として君臨し、秀頼が直接指示を出すようなことはなかった。

淀殿みずから甲冑《かっちゅう》に身を固め籠城したが、過去二度の落城の悪夢が思い出されるのか、昼夜を問わず轟く大砲の大音響は、淀殿の神経を衰弱させた。

一発が淀殿の居室付近に落下し、数人の侍女が死傷する。これに怯えた淀殿は「大坂城の外堀を埋める」という条件で和睦《わぼく》を結んだ。ところが家康の巧妙な策略によって内堀も埋められてしまう。

秀吉時代の大坂城石垣

翌年の夏の陣では、裸同然の城となった大坂方に勝ち目はなく、難攻不落といわれた大坂城は陥落し、淀殿・秀頼母子は燃え上がる焔《ほのお》に包まれて自刃した。淀殿は三度目の落城を経験し、四九歳の生涯を終えた。一方、寧々は、秀吉の死後、剃髪《ていはつ》して高台院《こうだいいん》と称して、秀吉だけでなく家康の供養《くよう》もして、七七歳で亡くなった。
現在、大坂城内には「豊臣秀頼・淀殿の自刃の地」の碑が建っている。

【城の所在地】大阪市中央区大阪城一ノ一
【交通アクセス】ＪＲ大阪環状線「大阪城公園」駅「森ノ宮」駅から徒歩約一五分〜二〇分

# 江戸城と徳川秀忠の正室「お江」

## 子を産むごとに増す威光

戦国乱世を生きた女性のなかで、お江《ごう》ほど波乱万丈だった人生は珍しい。お江は三度の結婚を経験しているが、慶長一〇（一六〇五）年、徳川第二代将軍の秀忠《ひでただ》の正室として、江戸城（東京都）で最初の御台所《みだいどころ》となった女性だ。平成二三（二〇一一）年のNHK大河ドラマ「江～姫たちの戦国～」では秀忠を向井理が、お江を上野樹里が演じている。

お江は、天正元（一五七三）年、浅井長政《あざいながまさ》とお市《いち》の方《かた》（織田信長の妹）のあいだに、三姉妹の三女として小谷城《おだにじょう》（滋賀県長浜市）で生まれる。誕生後まもなく、信長が小谷城を攻めると、落城寸前の同年九月一日、長政はお市の方と三姉妹を信長のもとに帰し、自刃《じじん》した。そのため、お江は長政の顔を知らない。

実家に戻ったお市の方と三姉妹は、信長の弟の信包《のぶかね》の居城である安濃津城《あのつじょう》（三重県津市）で平和なときを過ごしていた。

お江が一〇歳のとき、信長が京都・本能寺で家臣の明智光秀《あけちみつひで》に討たれる。その後、羽柴（のちの豊臣）秀吉が光秀を倒すと、織田氏の家中で後継者争いが勃発するなか、お市の方は織田氏家臣の柴田勝家《しばたかついえ》と再婚した。お江も勝家の居城である北ノ庄城（福井県福井市）に移る。

北ノ庄城での平和な生活も長くは続かなかった。勝家は賤ケ岳《しずがたけ》の合戦で敗れ、北ノ庄城に籠城するも、秀吉軍に包囲される。天正一

江戸城天守台跡

一（一五八三）年四月二四日、勝家とお市の方は、炎上する天守で自刃した。お江たち三姉妹は、落城する前日、城から脱出し秀吉のもとに送り届けられる。

三姉妹のなかで最初に結婚したのは一一歳になったばかりのお江であった。この結婚は秀吉が仕組んだ政略結婚で、相手は尾張大野《おわりおおの》城（愛知県常滑市）を居城とする一五歳の佐《さ》治《じ》一成《かずなり》だった。お江の嫁ぎ先としてはかなり格下のように思われるが、一成の母のお犬《いぬ》の方《かた》は、お市の方の異母姉で、織田氏の血を引く従兄妹どうしの結婚だった。

一成との結婚生活は短かった。秀吉と、織田信雄《のぶかつ》に味方した徳川家康が争った小牧《こまき》・長《なが》久手《くて》の合戦で、一成が家康を助けたことが秀吉の耳に入ったからだ。

秀吉は、お江と一成を結婚させたが、本当

の仕掛け人は信雄だった。一成が信雄に味方した家康を助けるのは当然の成り行きであったが、このことが一成とお江の運命を大きく左右することになる。

小牧・長久手の合戦が終わると、秀吉は「茶々《ちゃちゃ》（のちの淀殿《よどどの》）が重い病気になった」として、お江を大坂城（大阪府大阪市）まで見舞いにこさせる。これは、お江と一成を離縁させるための秀吉の嘘であった。お江は一成のもとに戻ることはなく、佐治氏は二年後に秀吉によってお取り潰しとなる。小牧・長久手の合戦で、一成が家康を助けたことを、秀吉は根に持っていたようだ。

秀吉が次に、お江の相手として選んだのは、秀吉の姉のともの息子である羽柴秀勝《ひでかつ》である。二人には完子《さだこ》という娘が生まれたが、秀勝が朝鮮出兵の際に巨済島《コジェド》（韓国南部）で陣没《じんぼつ》すると、お江はふたたび秀吉のもとに戻る。

秀吉がお江の三度目の相手として選んだのは家康の三男の秀忠《ひでただ》だ。秀吉は当時、自分に次ぐ実力者である家康を抑える必要性があった。

婚礼の儀は文禄四（一五九五）年九月一七日、伏見《ふしみ》城（京都市伏見区）で執り行なわれた。このとき、お江は二三歳、秀忠は一七歳で、お江は姉さん女房だった。お江の一人娘である完子は淀殿が引き取り養育した。

すでに秀吉の側室となった淀殿には、秀頼《ひでより》が生まれていたが、秀吉は、お江と秀忠とのあいだに娘が生まれたら、秀頼の妻にする約束を家康と取り交わす。

結婚して二年後、千姫《せんひめ》が生まれる。翌年、秀吉は亡くなるが、遺言でも「千姫を秀頼の嫁にせよ」とした。

江戸城桜田門

お江は秀忠とのあいだに二男五女をもうけた。お江は子どもを産むごとに強くなり、秀忠を尻に敷いたので、秀忠は側室を持つことができなかった。実際にはお江に隠れてお静《しず》の方《かた》を側室としていた。

お江は立て続けに四人の娘を産んだ。五人目が徳川幕府第三代将軍となる家光《いえみつ》である。

秀頼に嫁いだ千姫は有名だが、末娘であった和子《まさこ》は後水尾《ごみずのお》天皇の中宮《ちゅうぐう》となる。後水尾天皇と和子のあいだに生まれた内親王興子《おきこ》は明正《めいしょう》天皇として即位した。

お江は将軍の生母であり、天皇の祖母となった。晩年は安らかな余生を過ごし、寛永三（一六二六）年、江戸城にて五四歳で亡くなる。

【所在地】東京都千代田区千代田一の一
【城への行き方】ＪＲ「東京」駅および地下鉄千代田線「大手町」駅から徒歩約五分

## 姫路城と池田輝政の正室「督姫」

### 相次ぐ不幸のなかで願った子の家門継承

永禄八（一五六五）年、徳川家康と側室の西郡局《にしごおりのつぼね》とのあいだに生まれたのが督姫《とくひめ》である。ちなみに、西郡局の祖母は、今川義元《よしもと》の妹といわれている。

督姫は一九歳のとき、北条氏直《ほうじょううじなお》に嫁ぐことになるが、これは明らかな政略結婚であった。天正一〇（一五八二）年、武田氏が滅亡し、領主のいない甲斐国《かい》（山梨県）の領有をめぐって、徳川軍と北条軍とが激突することを回避するための和睦《わぼく》の条件が、督姫と氏直の結婚だったのだ。

二人の幸せな結婚生活は長くは続かなかった。関東の覇者として君臨していた北条氏は、家康の説得を聞き入れず、天正一八（一五九〇）年、小田原城（神奈川県小田原市）に籠城し、豊臣秀吉と戦うことを選択したのである。

籠城戦もむなしく北条氏は降伏。氏直の父である氏政《うじまさ》と弟の氏照《うじてる》は切腹した。氏直だけは、家康の娘婿だったため、高野山に送られた。督姫は娘の摩尼姫《まにひめ》を連れて、家康のもとに戻り、離縁のかたちをとった。

氏直は、しばらくすると、秀吉から許される。河内国《かわち》（大阪府）に一万石を与えられたが、元妻の督姫の威光によって北条氏を再興することに悩み続け、三〇歳で病没した。

督姫に新たな縁談の話が持ち上がる。相手は池田輝政《てるまさ》だ。一回目と同様に政略結婚だっ

姫路城天守群（国宝）

たが、督姫に結婚を命じたのは、家康ではなく、嫁ぎ先であった北条氏を滅ぼした秀吉だった。

家康と秀吉は、天正一二（一五八四）年、小牧《こまき》・長久手《ながくて》の合戦で激突したが、このとき、秀吉に従軍し、この合戦を中心的に主導した輝政の父である恒興《つねおき》は、家康軍に敗れ戦死する。輝政は命からがら生還した。池田氏にとって家康は、憎んでも憎みきれない敵であった。

輝政と督姫との結婚は、池田氏の家康への憎しみを和らげようと、秀吉が仕組んだ結婚だったのだ。

輝政にはすでに絲姫《いとひめ》という妻がいたが、離縁をしたうえで、文禄三（一五九四）年一二月、督姫と再婚する。

小牧・長久手の合戦から一〇年が経ってい

たが、この結婚に対して池田氏の家中は複雑な思いがあった。しかし、池田氏のお家安泰を考えれば、家康は豊臣政権で最大の実力者であり、悪い話ではなかった。

家康が慶長五（一六〇〇）年の関ケ原の合戦で勝利すると、輝政は、播磨国《はりま》（兵庫県）姫路五二万石を与えられると、慶長六（一六〇一）年から八年がかりで姫路城（兵庫県姫路市）を築く。

姫路城は、豊臣秀頼《ひでより》のいる大坂城（大阪府大阪市）を攻略する拠点の一つ。さらには豊臣秀吉の子飼いで、秀頼を慕う安芸国《あき》（広島県西部）の福島正則《まさのり》、肥後国《ひご》（熊本県）の加藤清正《きよまさ》らが攻めてきた場合に、山陽道の防御の役割を担う徳川幕府の要の城であった。

一方、督姫は北条氏直とのあいだには男子を産むことはなかったが、輝政とのあいだには、忠継《ただつぐ》、忠雄《ただお》、輝澄《てるずみ》、政綱《まさつな》、輝興《てるおき》と五人の男子に恵まれる。

五人の男子は、家康からそれぞれ領地を与えられた。輝政の弟の長吉《ながよし》にも領地が与えられ、池田氏の領地は、すべてをあわせると約一〇〇万石となり、輝政は「西国将軍」といわれるようになった。

慶長一八（一六一三）年一月、輝政が痛風に苦しみながら五〇歳で亡くなると、督姫は良正院《りょうせい》と号した。

督姫の望みは、自分が産んだ息子が亡き夫の跡を継ぐことであったが、督姫の息子たちは、まだ幼く、姫路五二万石の家督《かとく》は、先妻の糸姫の息子の利隆《としたか》が継ぐことになる。

督姫はなんとしてでも自分の息子に跡を継がせるため、饅頭《まんじゅう》に毒を仕込んで、利隆を毒殺しようとした。それに対し、忠継は、母の陰謀を恥じて、利隆に代わって、毒入り饅頭を食べて死んだという噂が流れた（毒饅頭事件）。

実際には、慶長二〇（一六一五）年二月四日、督姫は疱瘡《ほうそう》（天然痘）が原因で亡くなり、一九日後に忠継、翌年六月には利隆が亡くなっている。池田氏の主要人物三人が立て続けに亡くなったことで生まれた噂が事件の真相のようだ。

その後、池田氏は相次ぐ不幸で家中が不安定になり、徳川幕府から国替えを命じられ、因幡国《いなば》（鳥取県東部）に転封《てんぽう》となる。

代わって親藩の本多忠政《ほんだただまさ》が、元和三（一六一七）年に姫路城に入城した。すると幕府は、忠政の息子の忠刻《ただとき》に、徳川幕府第二代将軍の秀忠・お江《ごう》の娘の千姫《せん》を嫁がせる。このとき持参した化粧料一〇万石で築かれたのが、現在も残る姫路城の化粧櫓《けしょうやぐら》だ。

【所在地】兵庫県姫路市本町六八
【交通アクセス】ＪＲ山陽本線・山陽新幹線「姫路」駅から徒歩約一五分

# 松本城と戸田康長の正室「松姫」

## 家運傾き、祟りの噂

黒を基調とした優美な姿を見せる松本城（長野県松本市）。いちばんの見所は、国宝に指定されている高さ約三二メートルもある五層六階の大天守と、それに連なる本丸内の天守建築群である。

大天守の北西には乾小天守《いぬいしょうてんしゅ》が建ち、渡櫓《わたりやぐら》で結ばれ、南東に辰巳附櫓《たつみつけ》、東側に月見櫓《つきみ》が建ち、まるで烏《からす》の群れが飛んでいるかのように見える。

松本城を実際に訪れると、大天守はやや頭でっかちな印象を受ける。通常、天守は一層から五層にかけて徐々に小さくなっているのに対し、松本城天守は四層と五層が同じ大きさになっているからだ。

大天守と乾小天守は、窓がほとんどなく、鉄砲狭間《はざま》や弓矢狭間、石落《いしお》としが設けられ、内部の階段もスムーズに登れないように階ごとに階段の場所が違うなど、きわめて実戦を意識した防御態勢を備えた天守となっている。

それに対して徳川幕府第三代将軍の家光《いえみつ》が善光寺《ぜんこう》（長野県長野市）に参拝する途中で松本に立ち寄るという内意を受け、当時の藩主だった松平直政《なおまさ》が建てた辰巳附櫓と月見櫓は、天守とは異なり、赤い欄干《らんかん》を配し、風雅な雰囲気を持ち、防御施設は備えていない。

家光の善光寺参拝は中止になってしまったが、結果として天守に付属する月見櫓として

松本城天守（国宝）

は全国唯一の遺構となった。松本城は戦いと平和の二つの特徴を兼ね備えた珍しい城なのである。また近年の研究成果により、金箔瓦《きんぱくがわら》が使用されていた可能性が高まっている。

元和三（一六一七）年、七万石を与えられ、松本城の城主となった戸田康長《とだやすなが》の正室が松姫《まつひめ》だ。

父親は久松俊勝《ひさまつとしかつ》、母親はお大《だい》の方《かた》であり、徳川家康と松姫は異父妹の関係にある。お大の方が、家康の父の松平広忠《ひろただ》と離別し、俊勝と再婚してから産んだのが松姫《まつひめ》だった。

家康は、康長が仁連木《にれんぎ》戸田氏の家督《かとく》を六歳で継ぐと、五歳の松姫を許嫁《いいなずけ》にした。

天正六（一五七八）年ごろに輿入《こしい》れさせ、康長の正室とする。その後、康長は、徳川氏の家臣となり家康を支えた。

松姫は、母親似のふくよかな美人で、康長

との夫婦仲は良好であったようだが、長男の永兼《ながかね》を産んで間もなくの天正一六（一五八八）年、仁連木城（愛知県豊橋市）で亡くなる。二四歳という短い人生であった。遺骸は、全久院《ぜんきゅういん》（豊橋市）に葬られた。

松姫は、松本城に入城することなく亡くなったが、松本城近くの松本神社に祀られることになる。

その理由は、松姫が産んだ永兼が病弱なため家督を継げず、側室が産んだ康直《やすなお》が家督を継いだところ、戸田氏に不運が続いた。これが、松姫の祟《たた》りだといわれ、霊を鎮《しず》めるために松姫が祀られたとされている。

また、松姫と康長は仲が悪く、松姫は、本当は醜く、嫉妬深い女であったとか、松本城の堀に身を投げたという噂が残っている。松姫は松本城に入城する前に亡くなっており、これらは後世の人たちによる伝承であるが、松姫にとっては迷惑な話だろう。

現在、松本神社には康長、松姫、永兼の三柱が合祀《ごうし》されている。

【所在地】長野県松本市丸の内四の一

【交通アクセス】ＪＲ篠ノ井線「松本」駅からバスで約六分「松本城黒門」下車、徒歩約三分

# 坂本城と明智光秀の正室「熙子」

## 信長も羨む天下一の美女

明智光秀《あけちみつひで》といえば、天正一〇（一五八二）年六月二日、京都・本能寺において、主君の織田信長を討ったということで、歴史上は逆臣のイメージが強い戦国武将の一人である。

一方で、光秀が二人三脚で妻の熙子《ひろこ》と歩んだエピソードはあまり知られていない。

天文一四（一五四五）年ごろ、光秀と熙子は婚約した。ところが、しばらくして熙子は疱瘡《ほうそう》（天然痘）にかかり、体中に痘痕《とうこん》が残った。

父の妻木範熙《つまきのりひろ》は、熙子とうり二つの妹を、熙子のふりをさせて光秀のもとに差し出すが、光秀はそれを見破り、「自分は他の誰でもない熙子殿を妻にと決めている」と言い、何事もなかったかのように熙子との祝言《しゅうげん》を挙げ、妻として迎え入れる。

その後、光秀は土岐《とき》氏に代わって、美濃国《みののくに》（岐阜県）の領主となった斎藤道三《どうさん》に仕える。弘治二（一五五六）年、道三・義龍《よしたつ》父子の争い（長良川の合戦）では、道三に与《くみ》すると、義龍に明智城（岐阜県可児市）を攻め落とされ、城を明け渡す。

光秀が浪人の身となり、生活が困窮するなか、熙子はお金を工面し、家計を助けた。不思議に思った光秀が、熙子に問いただすと、熙子は頭のかぶりものを取ってみせた。すると、長く美しかった黒髪が切り落とされていた。自分の髪を売っていたのだ。

熙子は、疱瘡の痕がうっすらと残っていた

が美人であった。光秀が信長に仕えるようになると、信長は側近から「光秀の妻は天下一の美女である」と聞く。すぐに熙子に登城を命じると、信長は、長廊下の物陰に潜み、熙子が通りすぎるところを抱きついた。このようなエピソードが残るくらいだから、誰もが羨む美人だったのであろう。

　娘の玉《たま》は、細川忠興《ただおき》に嫁ぎ、のちに細川ガラシャ夫人となったが、熙子よりもさらに美人だったともいわれている。

坂本城跡（明智光秀像）

　山崎の合戦の後、光秀の敗走を知った熙子は、娘婿の明智秀満《ひでみつ》とともに坂本城（滋賀県大津市）に籠城した。だが「わが家の時運《じうん》ももはやこれまで。空しくときを費やしても仕方がない。この城で果てる覚悟のこと」と言い残し、落城前に家臣たちには金銀を渡し逃がしたうえで、みずからは自害した。

　ちなみに、坂本城は信長の命により光秀が比叡山延暦寺《えんりゃくじ》の監視と、琵琶湖の制海権の獲得が目的で築かれた城であった。イエズス会宣教師ルイス・フロイスは著書『日本史』の中で、「明智の築いた城は、豪壮華麗で、信長の安土城（滋賀県近江八幡市）に次ぐ城である」と記している。

【所在地】滋賀県大津市下阪本三丁目一
【交通アクセス】ＪＲ湖西線「比叡山坂本」駅から徒歩約二〇分

# 尾張大野城と信長の妹「犬姫」

## 本能寺の変後に急逝

築城年代は不明だが、尾張大野城《おわりおおの》（愛知県常滑市）は伊勢湾が一望できる小高い丘陵（青海山）の山頂に築かれた。山頂の主郭《しゅかく》を中心として、北側の斜面に郭が階段状に配置され、四方に二重の空堀《からぼり》が巡らされていた。

尾張大野城は、戦国時代に知多半島（愛知県）西部に勢力を持っていた佐治《さじ》氏の居城《きょじょう》として、宗貞《むねさだ》、為貞《ためのぶ》、信方《のぶかた》、一成《かずなり》と四代に渡って栄えた。現在、主郭には、二層の模擬《もぎ》天守と城門が建てられ、佐治氏を祀る佐治神社がある。信方に嫁いだのが、織田信長の妹の犬《いぬ》姫《ひめ》だ。信長にはお市《いち》の方《かた》という美しい妹がいたが、犬姫もお市の方と同じぐらい美しかったようだ。周囲からは、「四方《よも》様《さま》」（四方を照らす美しさ）と呼び称えられたともいわれている。

信方と犬姫のあいだには、永禄一二（一五六九）年、嫡男《ちゃくなん》の一成が生まれた。だが、天正二（一五七四）年、信方は、信長による長島一向一揆討伐に従軍し戦死。一成を残したまま、犬姫は実家である織田氏に戻される。

実家で淋しく暮らしていた犬姫に再婚の話が持ち上がる。今度の相手は、足利《あしかが》幕府の元管領《かんれい》の細川晴元《はるもと》の嫡男の昭元《あきもと》だ。細川氏としては迷惑千万な縁談であったが、足利義昭《よしあき》を追放した信長に逆らうことはできず、泣く泣く犬姫を嫁に迎えた。

信長は、自身の権力基盤を強化するために、

尾張大野城天守

犬姫を政略結婚の道具に利用したのである。

その後、犬姫は三人の子供を産んだが、結婚生活は長くは続かなかった。天正一〇（一五八二）年六月二日、信長が明智《あけち》光秀《みつひで》に本能寺で討たれた三カ月後の九月八日に急逝《きゅうせい》する。夫が光秀に内通《ないつう》していたため、犬姫も一緒に粛清《しゅくせい》されたなど諸説あるが、本当の理由はわからない。

犬姫は亡くなると、龍安寺《りょうあんじ》（京都市）に霊《れい》光院《こういん》が建てられ、乳母の浄智院《じょうちいん》によって菩提が弔《とむら》われた。

信長の妹二人（お市の方、犬姫）は、戦国の世に翻弄された人生だったといえるだろう。

なお、一成は、羽柴（のちの豊臣）秀吉に従わず、徳川家康に従ったため、天正一二（一五八四）年の小牧《こまき》・長久手《ながくて》の合戦後に、尾張大野城を追放され改易《かいえき》される。

尾張大野城は、のちに徳川幕府第二代将軍の秀忠《ひでただ》の正室となったお江《ごう》が一成と結婚し、嫁いだ城としても有名だ。

【所在地】愛知県常滑市金山字桜谷
【交通アクセス】名鉄常滑線「西ノ口」駅から徒歩約一五分

# 有岡城と荒木村重の正室「だし」

## 今楊貴妃と呼ばれた自慢の妻

有岡城《ありおか》（兵庫県伊丹市）は、もとは伊丹城《いたみ》といい、伊丹氏が南北朝時代から戦国時代にかけて居城《きょじょう》としていた。

天正二（一五七四）年一一月、織田信長家臣の荒木村重《むらしげ》が、伊丹城に入城すると、城の名前を有岡城と改め、大改造を行なう。

平成二六（二〇一四）年のNHK大河ドラマ「軍師官兵衛」にも有岡城は登場した。村重の正室のだしを演じたのが、桐谷美玲だ。だしの美貌は「傾国《けいこく》の美女」といわれた中国の皇妃《こうひ》にちなみ「今楊貴妃《いまようきひ》」と呼ばれた。村重にとって自慢の妻であった。

天正六（一五七八）年一〇月、村重は信長に反旗を翻し、有岡城に籠城する。すると、信長の命を受け、村重の説得に向かったのが黒田官兵衛《かんべえ》である。ところが、逆に囚われの身となり約一年にわたり幽閉《ゆうへい》される。この間、牢獄に押し込められている官兵衛を、だしが優しく気遣うシーンが「軍師官兵衛」でもたびたび描かれていた。

天正七（一五七九）年九月二日、村重は、だしを有岡城に残したまま、嫡男《ちゃくなん》の村次《むらつぐ》の居城である尼崎城《あまがさき》（兵庫県尼崎市）に脱出すると、二度と有岡城に戻ることはなかった。

村重の行動を、信長の一代記『信長公記《しんちょうこうき》』を編纂《へんさん》した太田牛一《おおたぎゅういち》は「前代未聞」と記している。有岡城に取り残されただしは、村重に次のような歌を送った。「霜がれに 残りて我は八

重むぐら なにはのうらの そこのみくづに」

　一方、信長の「城を明け渡せば、おのおのの妻子を助命する」という降伏の条件を、村重は拒否する。信長は村重の実力を高く評価しており、最大限の譲歩を示したが、村重は一切拒否したのだ。

　信長の怒りは頂点に達し、有岡城はあっという間に攻め落とされてしまう。城内に残っていた妻子は捕えられ、だしをはじめ荒木氏家臣の妻子は、大八車に縛り付けられ、洛中《らくちゅう》を引き回された後、六条河原《ろくじょうがわら》で斬首《ざんしゅ》された。だしは毅然とした態度で最期を迎えたと伝えられている。二一歳の若さであった。

有岡城跡

　村重は備後《びんご》国（広島県東部）尾道《おのみち》に暮らしていたが、信長が本能寺の変で亡くなると、堺で茶人として復活する。千利休《せんのりきゅう》らと親交を持ったが、天正一四（一五八六）年、五二歳で死んだ。

　江戸時代初期に絵師として活躍し、浮世絵の祖といわれる岩佐又兵衛《いわさまたべえ》は、乳母の機転によって生き延びた村重とだしとのあいだに生まれた子とされている。

【所在地】兵庫県伊丹市伊丹一丁目地内
【交通アクセス】ＪＲ宝塚線「伊丹」駅すぐ

# 山形城と最上義光の娘「駒姫」

## 理不尽な運命に散った姫

山形城（山形県山形市）は別名「霞城《がじょう》」と呼ばれている。由来は、慶長五（一六〇〇）年の関ケ原の合戦時、徳川方（東軍）に属した最上義光《もがみよしあき》を、豊臣方（西軍）に属した上杉景勝《かげかつ》の家臣の直江兼続《なおえかねつぐ》が攻めたとき、霞にけむり消えたようになっていた山形城を見て「まるで、霞城だな」とつぶやいたことによる。

義光は関ケ原では戦わなかったが、上杉軍の南下を阻止した武功で五七万石が与えられ、奥羽地方屈指の大名となった。

義光が徳川方に属したのには訳がある。関ケ原の合戦の五年前の文禄四（一五九五）年八月、「東国一の美少女」といわれた愛娘の駒姫《こまひめ》が、豊臣秀吉によって殺されたことによる深い憎しみからだ。

駒姫は一五歳のとき、関白だった豊臣秀次《ひでつぐ》の側室として嫁ぐため、上京する。義光がいる京都の最上屋敷で長旅の疲れをとり、聚楽第《じゅらくてい》（京都市上京区）で秀次と対面する予定だった。ところが、秀次が、秀吉の側近の石田三成《みつなり》によって謀叛の罪を着せられ、高野山に追放されてしまう。

理由は単純だ。淀殿《よどどの》が秀吉の跡継ぎとなる秀頼《ひでより》を産んだからだ。秀吉は、秀次に関白職を譲ったことを後悔していた。三成は秀吉の心中を察し、秀次に謀叛の疑いをかけ、関白職から排除したのである。

秀次は七月一五日、切腹を命じられる。上

山形城二ノ丸東大手門

京した駒姫は秀次と対面する機会もないまま、謀叛人の側室として拘束され、秀次の子女や妻妾ら三〇余人と　と　もに、洛中《らくちゅう》の三条河原《さんじょうがわら》に引き立てられて斬刑《ざんけい》に処された。駒姫が初めて対面した秀次の姿は、すでに命のない首級《しゅきゅう》であった。

　山形城の奥で生まれ育った一五歳の娘は、この理不尽かつ残酷な運命を前にして、「罪をきる弥陀《みだ》の剣《つるぎ》に　かかる身の　なにか五つの障りあるべき」と辞世を詠んだ。

　この歌は「弥陀の剣を私はもらって、人間が仏教上もつ五つの罪を切りひらき、何のさわりもなく、私は浄土に行くのだ」という意味である。罪なくして死ぬことへの、駒姫の無念さが伝わってくる。

　最上氏は、義光の孫の義俊《よしとし》の代に最上騒動が勃発し、元和八（一六二二）年、改易《かいえき》となった。以降、山形城には譜代大名が一〇万石前後で入封《にゅうほう》を繰り返す。

　山形の人々にとっては、いまも「郷土の殿様」といえば、山形城の基礎を築き、最上五七万石を治めた最上義光であり、山形人の誇りである。

【所在地】山形県山形市霞城町三
【交通アクセス】ＪＲ奥羽本線・山形新幹線「山形」駅から徒歩約八分

# 浜松城と家康の側室「阿茶局」

## 武術に優れ戦場に同行

阿茶局《あちゃのつぼね》は、徳川家康がもうけた側室のなかで、もっとも愛された女性で、名を須和《すわ》といった。

弘治元（一五五五）年、阿茶局は甲斐国《かいい》（山梨県）甲府で生まれた。父の飯田直政《いいだなおまさ》は、武田信玄《しんげん》の家臣だったが、その後、駿河《するが》・遠江国《とおとうみ》（静岡県）を治めていた今川義元《よしもと》の家臣となる。一九歳のとき、今川氏家臣の神尾忠重《かんおただしげ》に嫁いだ。

忠重が亡くなると、二五歳のとき、家康の目に留まり、側室として浜松城（静岡県浜松市）で暮らし始める。

阿茶局は馬術・武術にも優れていたようで、家康が戦場に赴く際、付き添って世話をした。天正一二（一五八四）年の小牧《こまき》・長久手《ながくて》の合戦では、妊娠中だったものの同行するが、体に負担がかかったのか流産してしまう。これがもとで子供を産めない体になったが、その後も家康の寵愛は続いた。

同じく家康の側室の西郷局《さいごうのつぼね》が亡くなると、秀忠《ひでただ》の養育係を担当する。秀忠も阿茶局を本当の母親のように慕った。このころから徳川家中でも、一目《いちもく》置かれる女性となっていく。

家康は、将軍職を秀忠に譲り、駿府《すんぷ》城（静岡県静岡市）に隠居するときも、側室のなかで阿茶局だけを連れていった。

慶長一九（一六一四）年の大坂冬の陣では、徳川氏側の使者として、大坂城（大阪府

浜松城天守

大阪市）に出向き、豊臣氏側との和睦《わぼく》交渉にあたるなど、表舞台でも活躍した。家康が阿茶局を信頼していた証拠でもある。

家康が亡くなったとき、側室のなかで阿茶局だけが剃髪することを許されず、秀忠のよき相談役として頼りにされた。そして、江戸城竹橋に屋敷を与えられ、中野村に三〇〇石を受ける。

元和六（一六二〇）年、秀忠の五女の和子《まさこ》が中宮《ちゅうぐう》として入内《じゅだい》（天皇家に嫁ぐ）する際には、守役《もりやく》を務めた功により、後水尾《ごみずのお》天皇より従一位《じゅいちい》を賜る。

秀忠が亡くなると、阿茶局は剃髪し、雲光《うんこう》院《いん》と号した。

阿茶局は、家康・秀忠の親子二代にわたって徳川氏を支え続けた人生だった。寛永一四（一六三七）年、京都にて八三歳の生涯を終えた。

【所在地】静岡県浜松市中区元城町一〇〇の二
【交通アクセス】ＪＲ東海道新幹線・東海道本線「浜松」駅から、遠鉄バスで「浜松城公園前」下車、徒歩約一分

# 伏見城と秀吉の側室「松の丸殿」

## 秀吉の杯めぐり淀殿と争い

松《まつ》の丸殿《まるどの》（竜子《たつこ》）は京極高吉《きょうごくたかよし》と浅井久政《あざいひさまさ》の娘である京極マリアとのあいだに生まれた。

京極氏は山名《やまな》、一色《いっしき》、赤松《あかまつ》の諸氏に並んで足利《あしかが》幕府の四職の一つに数えられる名門だった。応仁の乱後、家督《かとく》争いで衰退し、浅井氏に近江国《おうみ》（滋賀県）の湖北を押領《おうりょう》されていた。

松の丸殿にとって、浅井長政《ながまさ》は叔父にあたり、浅井三姉妹の茶々《ちゃちゃ》（のちの淀殿《よどどの》）、お初《はつ》、お江《ごう》は従妹にあたる。

松の丸殿は、若狭守護《わかさしゅご》の武田元明《もとあき》に嫁いだ。だが、平和な暮らしは長くは続かなかった。元明は織田信長に仕えていたが、天正一〇（一五八二）年の本能寺の変で信長が明智《あけち》光秀《みつひで》に討たれると、光秀に味方した。そのため、元明は羽柴（のちの豊臣）秀吉に捕えられ、自害する。松の丸殿は、越前国《えちぜん》（福井県）敦賀《つるが》に逃げたが発見され、秀吉の前に連れて行かれた。松の丸殿は京極氏の再興を条件に秀吉の側室となった。

落ちぶれたとはいえ、近江守護職を務めた京極氏の家柄の出ということもあり、松の丸殿は秀吉が目にかけた側室の一人となる。淀殿と松の丸殿だけは、秀吉に同行して天正一八（一五九〇）年の小田原攻め、二年後の朝鮮出兵では肥前名護屋城《ひぜんなごや》（佐賀県唐津市）に出かけている。

聚楽第《じゅらくてい》（京都市上京区）で暮らしていたときは、京極局《きょうごくのつぼね》と呼ばれていたが、大坂城西ノ

伏見城天守

丸（大阪府大阪市）に移ると西の丸殿と呼ばれていた。伏見城松ノ丸（京都市伏見区）に移ってから、松の丸殿と呼ばれるようになったという。

慶長三（一五九八）年春、秀吉主催の「醍《だい》醐《ご》の花見」では、一番が北政所《きたのまんどころ》、二番が淀殿、三番が松の丸殿という輿《こし》の順番だった。

このとき、秀吉からの杯をめぐり、松の丸殿と淀殿が争った出来事は、後世まで語り継がれた有名な話だ。

関ヶ原の合戦では、弟の京極高次《たかつぐ》の居城《きょじょう》である大津城（滋賀県大津市）に身を寄せ、徳川方（東軍）に付いた。

慶長一九（一六一四）年の大坂夏の陣で、淀殿・秀頼《ひでより》母子が亡くなると、松の丸殿は、京都・六条河原《ろくじょうがわら》で処刑された秀頼が側室に産ませた息子の国松《くにまつ》の遺体を引き取り、誓願《せいがん》寺（京都市中京区）に埋葬している。晩年は誓願寺で余生を過ごし、寛永一一（一六三四）年、八〇歳で亡くなった。

【所在地】京都府京都市伏見区桃山町大蔵四五
【交通アクセス】JR奈良線「桃山」駅下車、徒歩約一五分。京阪線「伏見桃山」駅下車、徒歩約二〇分

# 聚楽第と豊臣秀次の正室「一の台」

## 秀吉の側室だったが秀次の正室に

「嫉妬」という言葉は女の代名詞といわれているが、場合によっては、男の「嫉妬」も恐ろしい。文禄四（一五九五）年八月二日、京都・三条河原《さんじょうがわら》で子女三〇数人を斬首《ざんしゅ》する事件が起きる。殺されたのは豊臣秀次《ひでつぐ》の正室の一《いち》の台《だい》だ。

　一の台とは、どういう女性だったのか。永禄五（一五六二）年、公家の菊亭晴季《きくていはるすえ》の子として生まれる。

　晴季は、織田信長の後継者となった秀吉を近衛《このえ》氏の養嗣子《ようしし》にし、関白職に就けた功労者の一人だった。そして、関白となった秀吉のもとに、娘の一の台を側室として差し出した。

　一の台は三条顕実《あきざね》に嫁いだが、おみやという娘を一人産んで、未亡人となっていたからだ。ところが、側室になってしばらくして一の台は病気となり、秀吉のもとを去る。

　実家で治療に専念し、病気が癒えると、今度は秀吉から関白職を譲り受け、聚楽第《じゅらくてい》（京都市上京区）で暮らす秀次のもとに、晴季は一の台を出仕させた。

　一の台は、とても美しい気品に溢れた女だったため、三歳年上だったが、すぐに秀次は気に入った。秀次には若御前《わかごぜん》という正室がいたが、一の台を御台所《みだいどころ》（正室）とした。連れ子の一三歳のおみやも美しかったので、側室として、母娘を寵愛する。

西本願寺に移築された聚楽第の遺構

秀吉にしてみれば、自分の側室だった女を、秀次が正室としたことに我慢ができなかったようだ。

おまけに淀殿が最初に産んだ鶴松《つるまつ》が三歳で死んだことで、自分には子供が二度と授からないと思って、秀次に関白職を譲っていたが、淀殿が秀頼《ひでより》を産んだことで、秀次の存在を邪魔に感じるようになる。

秀吉は秀次に謀叛の疑いがあるといううわさを流し、関白職を解任、高野山に追放した。文禄四（一五九五）年七月一五日、秀吉の命令により秀次は切腹させられる。二八歳だった。

この切腹に連座して、一の台をはじめとする子女が、斬首されたのである。

秀吉は秀次を切腹させると、聚楽第を破壊し、資材の大半を伏見《ふしみ》城（京都市伏見区）の造営のために使用する。秀次一族の臭いも含めて、すべて消し去りたかったのだろう。

聚楽とは「長生不老《ちょうせいふろう》の楽しみを聚《あつ》むる」という意味があるが、聚楽第が存在したのは約八年という短い期間だった。

【所在地】京都市上京区堀川下立売北西
【交通アクセス】JR「京都」駅からバスで約一〇分「堀川中立売」下車

# 佐和山城と石田三成の正室「宇多の方」

## 「関ケ原」で敗れ落城

宇多《うた》の方《かた》という女性は、豊臣政権の中枢にいた石田三成《みつなり》の正室でありながら、詳細な記録があまり残っていない。今まで戦国ドラマに、宇多の方が登場することはなかったが、平成二八（二〇一六）年のNHK大河ドラマ「真田丸」では吉本菜穂子が演じている。

宇多の方の生年は不明だが、宇多の方と三成が結婚したのは『極楽寺系図《ごくらくじけいず》』や、その他の史料によれば、天正五（一五七七）年ごろと推測される。天正七年には、長女（氏名不詳）が生まれている。宇多の方は、国元を離れ人質として大坂城で暮らす大名たちの子女の面倒をよく見た。そのため、三成のことを快く思わない大名たちも、宇多の方に対しては、厚意を抱いていたといわれている。

慶長五（一六〇〇）年の関ケ原の合戦は、宇多の方にとって最悪の結末となる。このとき宇多の方は、三成の居城《きょじょう》である佐和山《さわやま》城（滋賀県彦根市）に、三成の家族、宇多の方の父の宇多頼忠《よりただ》、兄の頼重《よりしげ》とともにいた。

徳川方（東軍）は、豊臣方（西軍）を関ケ原で破ると、小早川秀秋《こばやかわひであき》軍を佐和山城の攻撃に向かわせる。城内には、わずかばかりの兵しかおらず、佐和山城は半日も持たずに落城した。

本来、佐和山城は「三成に過ぎたるものの二つあり、島左近《しまさこん》に佐和山の城」とうたわれたほどに、三成の身の丈に合わない大規模な城郭《じょうかく》だった。琵琶湖岸の佐和山の全域に堅牢《けんろう》な石垣の

佐和山城跡「石田三成像

郭《くるわ》を張り巡らせ、山頂の本丸には五層の天守が聳《そび》えていた。大軍に包囲されても簡単には陥落する城ではなかったが、関ケ原で勝敗がついた段階では、佐和山城で最後まで抵抗する意味はなく、宇多の方や石田氏一族は落城の道を選択したのである。

三成の父の正継《まさつぐ》、兄の正澄《まさずみ》は自害。宇多の方の父の頼忠、兄の頼重らも自害した。宇多の方も石田氏の家臣の手を借りて自害したといわれている（享年不詳）。

悲劇はこれだけでは終わらなかった。城に籠城していた侍女のなかには、佐和山山中を小早川軍に追われて進退窮まり、女郎谷《じょろうだに》と呼ばれる深い谷へ次々と身を投げたといわれている。

一方、大坂城に残っていた三成の子供たちのなかで、長男の重家《しげいえ》、二男の重成《しげなり》、三女の辰姫《たつひめ》は、豊臣方が関ケ原で敗れると、大坂城をひそかに抜け出した。のちに重家は、徳川家康に助命され出家すると、宗亨《むねたか》と名乗って一〇四歳の天寿をまっとうした。

重成は津軽氏に匿《かくま》われ、杉山源吾《すぎやまげんご》を名乗り、のちに津軽藩の家老職となる。辰姫は津軽藩二代藩主の津軽信枚《のぶひら》の正室となった。

ちなみに、宇多の方の姉は、真田昌幸《さなだまさゆき》の正室の山手殿《やまのてどの》だ。これが縁で、昌幸は豊臣方に味方したといわれている。

【所在地】滋賀県彦根市古沢町
【交通アクセス】JR東海道本線（琵琶湖線）「彦根」駅から徒歩約五〇分

# 丸亀城と山崎家盛の正室「天球院」
## 兄嫁だけ救った夫と離縁

山崎家治《やまざきいえはる》は、寛永一八（一六四一）年、丸亀城《まるがめ》（香川県丸亀市）の城主となる。

丸亀城は、山麓《さんろく》から山頂まで三段にわたる石垣が築かれ、その高さは五〇メートルに達した。特に二ノ丸の高さ二一メートルの石垣は見惚れてしまうほど優美な曲線美となっており、丸亀城の見どころの一つとなっている。

もともと、山崎氏は、近江《おうみ》国（滋賀県）の豪族で、織田信長に仕え、その後、豊臣秀吉に仕えた。家治の父の家盛《いえもり》の正室が天球院《てんきゅういん》（生年不詳）だ。

天球院は男勝りの腕力を持ち、容姿も美しくなかった。家盛は側室を置くが、天球院は嫉妬することはなかった。

慶長五（一六〇〇）年、関ケ原の合戦が近づくなか、天球院の実家である池田氏は、兄の輝政《てるまさ》、弟の長吉《ながよし》が徳川家康に従い、会津の上杉氏討伐に向かった。

家盛は、石田三成《みつなり》に味方し、大坂城（大阪府大阪市）に残った。だが、三成に味方したのは、見せかけで、池田氏と同様に、家康に内通《ないつう》していた。

家康に味方した多くの大名の悩みは、大坂に残している妻子たちだった。三成は大名の妻子を大坂城で人質にしようとした。監視の目を盗んで大坂から脱出する大名の妻子もいたが、池田氏の大坂屋敷には、特に厳しい監

丸亀城天守

視が付けられていた。

なぜなら、輝政の正室の督姫《とくひめ》は、家康の娘であり、息子の忠継《ただつぐ》と忠雄《ただかつ》は家康の外孫《そとまご》だったからだ。

家盛は、豊臣方（西軍）に味方しているふりをしながら、督姫と息子たちを大坂から連れ出し、自領である摂津《せっつ》三田《みた》（兵庫県三田市）まで脱出させることに成功する。

家盛の行動が、ふだんは何も文句をいわない天球院の怒りを買う。兄嫁の督姫を脱出させておきながら、自分を人質として大坂城に入れようとしたからだ。

このことが原因で、関ケ原の合戦が終わると、天球院は離縁して実家にさっさと戻ってしまう。家盛と天球院には子供はなく、文禄三（一五九四）年に側室が産んだのが丸亀城主となった家治である。

その後、池田氏では、輝政の孫の光政《みつまさ》と、叔父の忠雄が本家継承の争いを起こす。

光政の父の利隆《としたか》は忠雄の異母兄だった。

天球院は、家康の血を引く督姫の息子の忠雄ではなく、光政を支援した。離縁の原因となった督姫を嫌っていたからだ。

最後は、池田氏の本家は忠雄が継ぐことになった。しかし、忠雄が亡くなると、光政が池田氏の本家を継ぎ、岡山城（岡山県岡山市）の城主となる。

光政は、池田氏の本家継承争いのときに味方してくれた天球院に感謝していたため、寛永一三（一六三六）年、天球院が亡くなると、妙心寺《みょうしん》（京都市右京区）に天球院を建立し、その恩を忘れなかったという。

【所在地】香川県丸亀市一番丁
【交通アクセス】ＪＲ予讃線「丸亀」駅から徒歩約一〇分で登り口。登り口から天守まで徒歩約一〇分

# 金沢城と宇喜多秀家の正室「豪姫」

## 八丈島に流された夫と息子を支援

天正二（一五七四）年、豪姫《ごうひめ》は、織田信長の家臣で、のちに加賀一〇〇万石の礎《いしずえ》を築く前田利家《としいえ》と正室のまつのあいだに四女として生まれた。

羽柴（のちの豊臣）秀吉は、まつを乳飲み子のときに利家からもらい受けると、子供のいなかった秀吉は、豪姫を溺愛したが、もう一人、溺愛してやまない養子がいた。

宇喜多直家《うきたなおいえ》の息子の秀家《ひでいえ》だ。二人は秀吉の正室の寧々《ねね》（のちの北政所《きたのまんどころ》）に育てられ、兄妹のように仲良く成長していった。

天正一六（一五四七）年、秀吉は秀家に備《び》前《ぜん》国（岡山県東南部）五七万石を与えると、豪姫を秀家の妻とした。

このとき秀家は一七歳、豪姫は一五歳、兄妹から夫婦となったためか、気心の知れた夫婦となった。

豪姫は一六歳で、嫡男《ちゃくなん》の秀高《ひでたか》を産んだのに続いて二男二女に恵まれ、養父の秀吉の天下のもと、幸福な生活を送っていた。

だが、秀吉が亡くなり、慶長五（一六〇〇）年に起きた関ケ原の合戦を境にすべてが暗転する。

豊臣方（西軍）に属して敗将となった秀家は、逃走の途中で大坂の宇喜多屋敷にいた豪姫のもとをひそかに訪ねる。これが二人にとっての今生《こんじょう》の別れとなった。

秀家は息子の秀高、秀継《ひでつぐ》と島津氏を頼って

金沢城（石川門と二層櫓）

落ちのびたが、三年後、久能山《くのうざん》（静岡県静岡市）に連れて来られて幽閉《ゆうへい》される。そして、慶長一一（一六〇六）年、息子二人とともに八丈島に配流《はいる》となる。

残された豪姫は、二人の娘を連れて、実家である前田氏の居城《きょじょう》である金沢城（石川県金沢市）に三三歳にして初めて戻った。

異母弟の前田藩三代藩主の利常《としつね》は傷心の豪姫を温かく迎え入れ、生活費に化粧田《けしょうでん》一五〇〇石を与えた。

実家に戻った豪姫は、寛永一一（一六三四）年に六一歳で病没するまで金沢で暮らした。この間、豪姫は八丈島にいる秀家と息子たちを慕い、その身を案じ続けた。

利常は、豪姫の思いをくみ、徳川幕府の許可を得て、米や金子《きんす》、薬、生活物品などを八丈島に送った。前田氏からの援助は、明治維

金沢城（橋爪門続櫓・五十間長屋・菱櫓）

新まで続いた。

秀家は豪姫の死後、八丈島で二一年も生き続け、八四歳で死んだ。二人の息子は島の女性と結婚した。

現在、八丈島には秀家と豪姫の夫婦の像が作られている。

【所在地】石川県金沢市丸の内一の一

【交通アクセス】ＪＲ北陸本線「金沢」駅から北鉄バスで約一五分「兼六園下」下車、徒歩約五分

# 福岡城と黒田長政の正室「栄姫」

「関ケ原」前に大坂脱出

甲斐国《かい》（山梨県）を治めていた武田氏に仕えていた保科正直《ほしなまさなお》は、武田氏が没落すると、徳川氏の家臣として召し抱えられる。

正直は、天正一二（一五八四）年、徳川家康の妹の多劫姫《たけひめ》を妻に迎える。翌年には、栄《えい》姫《ひめ》が生まれた。

慶長五（一六〇〇）年六月六日、栄姫は伯父である家康の養女となると、黒田長政《ながまさ》と結婚する。そのとき、栄姫は、家康から化粧料《けしょうりょう》として豊後国《ぶんご》（宇佐市・中津市を除く大分県全域）玖珠《くす》郡領内に一〇〇〇石をもらい受けた。

せっかくのお祝いの日だったが、大坂城（大阪府大阪市）にて、会津の上杉氏討伐の評定《ひょうじょう》が開かれた日と重なった。長政はすぐに家康に従軍して会津に向かうことになる。

長政には、栄姫を正室として迎える前、蜂《はち》須賀小六《すかころく》の娘の糸姫《いとひめ》を正室としていた。だが、一五年間の結婚生活で、二人のあいだに男子が生まれなかったこともあり、長政は糸姫と離縁して、栄姫を正室として迎えた。

徳川氏との関係を深めた方が黒田氏にとって得策だと長政は考えたのだろう。実際、黒田氏は徳川氏と親戚関係になったことで、盤石な地位を築いていく。

一方、糸姫の実家である蜂須賀氏は、糸姫が離縁させられたことで面子が丸潰れとなった。黒田氏と蜂須賀氏は絶縁状態となる。

福岡城南ノ丸多聞櫓

長政と栄姫とが結婚した年は、まさに天下分け目の関ケ原の合戦の年である。合戦の前、豊臣方（西軍）は、大坂に残る大名たちの妻子を人質にしようとした。

黒田氏の大坂屋敷も、豊臣方の兵士に取り囲まれたが、家臣の栗山善助《くりやまぜんすけ》、母里太兵衛《もりたへえ》らが、隙を見て、長政の母の光《てる》と栄姫を連れ出し、黒田氏の居城《きょじょう》である中津《なかつ》城（大分県中津市）まで逃れた。

関ケ原の合戦では、長政の武功もあり、黒田氏は家康から筑前《ちくぜん》国（福岡県西部）五二万石を与えられた。

慶長六（一六〇一）年、長政は、領国経営の利便性を考え、古代に朝廷の外交使節の接待所だった鴻臚館《こうろかん》が置かれていた福崎に福岡城（福岡市）の築城を開始する。

その後、長政と栄姫とのあいだには三男二女が生まれた。

栄姫は、寛永一二（一六三五）年、病床にありながら孫の光之《みつゆき》の徳川幕府第三代将軍の家光《いえみつ》への謁見に江戸まで同行した。長旅の疲れが出たのか、そのまま栄姫は黒田氏江戸屋敷にて亡くなった。

【所在地】福岡県福岡市中央区城内
【交通アクセス】福岡市営地下鉄空港線「大濠公園」駅から徒歩五分

# 大津城と京極高次の正室「お初」

## 「籠城」を評価され八万五千石

浅井《あざい》三姉妹の長女の茶々《ちゃちゃ》（のちの淀殿《よどどの》）、二女のお初《はつ》、三女のお江《ごう》は、母であるお市《いち》の方《かた》（織田信長の妹）の美貌を受け継いでおり、お初も細身で容姿に優れていたようだ。

また、幼少のころから三人は大変仲が良く、最終的に豊臣氏と徳川氏が敵対関係になったときも、三姉妹は固い絆で結ばれていた。

お初は、永禄一三（一五七〇）年に小谷《こたに》城（滋賀県長浜市）で生まれる。

父の浅井長政《ながまさ》は、天正元（一五七三）年、小谷城を信長に攻められると自刃《じじん》した。このとき三姉妹は、浅井氏家臣の藤掛永勝《ふじかけながかつ》によって、織田軍の陣まで送り届けられた。

その後、信長が京都・本能寺で横死《おうし》した。秀吉が織田氏家臣の柴田勝家《しばたかついえ》を撃ち破り、事実上、信長の後継者となると、三姉妹は秀吉の庇護《ひご》を受けることになる。

天正一五（一五八七）年、お初は秀吉の計らいで、京極高次《きょうごくたかつぐ》と結婚。長政の姉は京極マリアであり、お初にとって、高次は従兄妹にあたる。

高次は、姉の京極竜子《たつこ》（松《まつ》の丸殿《まるどの》）が秀吉の側室になったことで、京極氏の再興を果たした。姉の力で出世したことから「蛍《ほたる》大名」ともいわれる。

慶長五（一六〇〇）年の関ヶ原の合戦では、当初、高次は豊臣方（西軍）と思われていたが、高次はお初と一緒に大津《おおつ》城（滋賀県大津市）に籠城し、徳川方（東軍）に味方した。

西軍は一万五〇〇〇人の軍勢で大津城を包囲し、降伏を促すと、高次は曖昧な態度で時間を稼ぎ、一週間は持ち堪えたが、最後は降伏して開城する。

大津城跡碑

関ケ原の後、徳川家康から大津城での籠城ぶりを高く評価され、高次は若狭《わかさ》国（福井県西部）八万五〇〇〇石を与えられた。

慶長一四（一六〇九）年、高次が亡くなると、お初は剃髪《ていはつ》して常高院《じょうこういん》と号した。このころから豊臣秀頼《ひでより》と家康の対立が起こる。常高院は両氏の仲介に奔走するも、慶長一九（一六一四）年、大坂冬の陣が勃発し、翌年の大坂夏の陣で豊臣氏は滅亡した。

お初は三姉妹のなかでもっとも長生きする。晩年は、高次の跡を継いだ忠高《ただたか》と、忠高の正室の初姫《はつひめ》（お江の四女）との不仲に悩まされ続ける。

寛永一〇（一六三三）年、京極氏の江戸屋敷にて六四歳で亡くなった。

【所在地】滋賀県大津市浜大津五丁目
【交通アクセス】京阪電鉄本線「浜大津」駅から徒歩約二分

# 松江城と堀尾吉晴の正室「堀尾夫人」

子供三人に先立たれる悲運

堀尾吉晴《ほりおよしはる》は、慶長五（一六〇〇）年の関ヶ原の合戦の武功により、徳川家康から出雲《いずも》・隠岐《おき》二国（島根県東部・隠岐の島）二三万石を与えられた。

吉晴は、入封《にゅうほう》すると、山陰地方で栄えた尼《あま》子《こ》氏や、吉川広家《きっかわひろいえ》の居城《きょじょう》だった月山富田《がっさんとだ》城（島根県安来《やすぎ》市）に入城した。

だが、そこはあまりの険しい山城《やまじろ》なので、風光明媚で水運にも恵まれている松江に城地を定めた。これが現在の松江城（島根県松江市）である。

吉晴の正室の名前は不明で、堀尾夫人と呼ばれていた。尾張《おわり》国（愛知県西部）の津田党の出身という記録が残るのみだ。

吉晴と堀尾夫人とのあいだには三人の子供がいたが、慶長七（一六〇二）年、二女の小《こ》那姫《なひめ》は、婦人病の腰気《こしけ》を患い、苦しみに耐えきれずに二〇歳で自殺した。翌八（一六〇三）年三月には、長男の忠氏《ただうじ》が、松江城の城地の下見から月山富田城へ帰る途中、蝮《まむし》にかまれて二六歳で急逝《きゅうせい》する。

堀尾夫人は、たて続けに二人の子供を亡くすという不幸に見舞われ、しばらくのあいだ、悲しみに打ちひしがれていたといわれている。

一方、吉晴は、忠氏の六歳の嫡男《ちゃくなん》の忠晴《ただはる》に堀尾氏の家督《かとく》を継がせることを徳川幕府に願い出て、許可をもらう。

松江城天守（国宝）

これをおもしろく思わなかったのが長女の勝山《かちやま》だ。勝山は堀尾氏の一番家老である野々《のの》村河内守《むらかわちのかみ》に嫁いでいたが、一五歳になる自分の子の掃部《かもん》を堀尾氏の跡継ぎにしたいと考えた。

勝山は、掃部を跡継ぎの座に据《す》えるために、忠晴を殺すことを計画するも、露見してしまう。河内守は隠岐に流され自刃《じじん》、掃部は京都に逃げるも捕えられ切腹。勝山も掃部の死から一〇年後に亡くなった。

慶長一六（一六一一）年六月には、松江城の完成を見ないまま、吉晴が六九歳で亡くなる。

自分よりも先に三人の子供を亡くした堀尾夫人は、孫の忠晴が立派な領主になることだけを期待しながら、亡き吉晴の遺志を引き継ぎ、松江城を完成させた。

松江城（二ノ丸高石垣と南櫓・中櫓・太鼓櫓）

堀尾夫人は、吉晴に遅れること八年、元和五（一六一九）年四月に亡くなった。

その後、忠晴は跡継ぎがないまま松江藩江戸藩邸で病死したため、堀尾氏は断絶してしまう。

松江城天守は、彦根城（滋賀県彦根市）、姫路城（兵庫県姫路市）、犬山城（愛知県犬山市）、松本城（長野県松本市）に続いて、平成二七（二〇一五）年に国宝に指定されている。

【所在地】島根県松江市殿町一の五

【交通アクセス】ＪＲ山陰本線「松江」駅から一畑バス「県庁行き」で約一〇分「大手前」下車、徒歩約五分

# 大館城と伊達晴宗の正室「久保姫」

## 輿入れ中に拉致された奥州一の美女

大永元（一五二一）年、大館城《おおだて》（福島県いわき市）の城主の岩城重隆《いわきしげたか》の長女として生まれたのが、奥州一の美女として評判の久保姫《くぼひめ》だ。

重隆は、対立関係にある「田村・相馬《そうま》・伊達《だて》」の三氏連合に対抗するため、久保姫を結城晴綱《ゆうきはるつな》に嫁がせ、「岩城・結城」同盟を結ぶことを考えていた。

そこに相馬顕胤《あきたね》が訪ねてきて、「久保姫を伊達氏に嫁がせてほしい」といってきた。重隆が、この申し入れを断ると、岩城氏は相馬・伊達氏と軍事衝突寸前の状態となる。

天文一〇（一五四一）年、結城氏への輿入《こしい》れが強行されるなか、久保姫の一行は、待ち伏せていた伊達氏の軍勢に取り囲まれる。このとき、伊達軍を率いていた伊達晴宗《はるむね》は、久保姫を生け捕りにする。評判どおりの美女だったため、晴宗は久保姫を気に入り、妻とした。

久保姫も晴宗のことを気に入ったようで、重隆に対して二人の結婚を認めてくれるよう再三にわたり書状を書いた。重隆は、嫡男《ちゃくなん》が生まれたら、岩城氏に養子に出すことを条件に渋々結婚を許した。

久保姫は晴宗とのあいだに、六男五女を産んだ。晴宗は側室を持つこともなく、生涯にわたって久保姫を大事にする。また孫の政宗《まさむね》が、幼いときに片目を失明してからは、たびたび自分の部屋に呼んでは、励ましたといわれている。

天正五（一五七七）年、晴宗が五九歳で亡くなると、剃髪《ていはつ》し裁松院《さいしょういん》と号した。そして、六男の杉目直宗《すぎめなおむね》とともに、杉目城（福島県福島市）に移り住む。

八年後の天正一三（一五八五）年には、晴宗の跡を継いだ二男の輝宗《てるむね》が二本松城（福島県二本松市）の城主の畠山義継《はたけやまよしつぐ》に、自邸において拉致され、非業の死を遂げた。

大館城址

天正一七（一五八九）年、二階堂《にかいどう》氏が政宗に滅ばされると、二階堂盛義《もりよし》に嫁いでいた長女の阿南姫《おなみひめ》は捕えられる。

伊達氏に戻った阿南姫は、杉目城で母の久保姫との再会を果たす。

豊臣秀吉の奥州仕置《おうしゅうしお》きにより、久保姫は杉目城から岩出山《いわでやま》城（宮城県大崎市）に移った。

その後は、政宗の世話になりながら余生を過ごし、文禄三（一五九四）年、七四歳で亡くなった。

なお、久保姫が生まれた大館城には、関ケ原の合戦後、徳川譜代の鳥居忠政《とりいただまさ》が入城したが、大館城の東に新たに磐城平《いわきたいら》城を築城したため、廃城となる。

【所在地】福島県いわき市好間町下好間
【交通アクセス】ＪＲ常磐線「いわき」駅から徒歩約二〇分

# 春日山城と長尾為景の正室「虎御前」

## 謙信に授けた信仰心

虎御前《とらごぜん》は上杉謙信《けんしん》の母として知られている。謙信は、長尾景虎《ながおかげとら》と名乗っていた。

天文二一（一五五二）年、関東管領《かんれい》の上杉憲政《のりまさ》が、越後《えちご》国（新潟県）に逃げてくると、関東管領家の名跡《みょうせき》を景虎が譲り受け、上杉謙信と改名する。

長尾氏の一族は、越後国のなかで、春日山《かすがやま》城（新潟県上越市）を本拠とする本家の府中《ふちゅう》長尾氏、栖吉《すよし》城（長岡市）を本拠とする古志《こし》長尾氏、坂戸《さかど》城（南魚沼市）を本拠とする上田長尾氏に分かれ、合戦を繰り返していた。

虎御前は古志長尾氏の長尾房景《ふさかげ》の娘で、府中長尾氏と同盟を結ぶために本家の当主である長尾為景《ためかげ》に嫁ぐ。

政略結婚で一緒になった二人であったが、夫婦仲は円満で、為景は側室をもうけることもなく、虎御前は五人の子供を産んだ。享禄三（一五三〇）年に三男として生まれたのが謙信である。

虎御前は熱心な観音菩薩の信者で、天文五（一五三六）年、謙信が七歳になると曹洞宗の林泉寺《りんせん》（上越市）に入れ、禅の修行をさせた。一四歳まで名僧の天室光育《てんしつこういく》の薫陶《くんとう》を受ける。

謙信の毘沙門天《びしゃもんてん》信仰と不犯《ふぼん》（異性と交わらない）の思想は、虎御前の影響によるものだ。

このことから、虎御前が謙信を妊娠したとき、若い僧が夢枕に立ち、虎御前のお腹を借りて生まれたのが謙信であるいうエピソードが『北越軍談《ほくえつぐんだん》』に残されている。

謙信が修行に入った同じ年、為景が亡くなった。兄の晴景《はるかげ》が家督《かとく》を継いだが、病弱な晴景に対して、上田長尾氏が反旗を翻し、春日

春日山城址と謙信公像

山城に攻めてきた。虎御前は実家の栖吉城に戻り、剃髪《ていはつ》して青岩院《せいがんいん》を名乗る。

謙信は一九歳のとき、古志長尾氏の加勢を得て、春日山城を上田長尾氏から奪還し、越後国を統一した。

虎御前は謙信とともにふたたび春日山城に入城する。それから二〇年、虎御前は春日山城で平穏な日々を過ごしながら、永禄一一(一五六八)年、五七歳で亡くなった。

謙信は虎御前の影響から生涯独身を貫いたが、このことがのちに上杉氏のお家騒動にまで発展するとは、虎御前は考えてもいなかっただろう。

【所在地】新潟県上越市中屋敷字春日山ほか
【交通アクセス】JR北陸本線「直江津」駅からバスで約二〇分「春日山下」下車、本丸まで徒歩約一時間

# 常山城と上野隆徳の正室「鶴姫」

## 善戦むなしく自害

戦国時代、中国地方の覇者として君臨していた毛利《もうり》氏に属して、備中国《びっちゅう》（兵庫県西部）に勢力を拡大した三村元親《みむらもとちか》は、妹の鶴姫《つるひめ》を常山《つねやま》城（岡山県玉野市）の城主の上野隆徳《うえのたかのり》に嫁がせる。

三村氏は備前《びぜん》国（岡山県島南部）の宇喜多《うきた》直家《なおいえ》と対立していたが、毛利氏と宇喜多氏が同盟を結んでしまった。このため、三村氏は中国地方への進出をもくろむ織田信長と手を組み、毛利氏に反旗を翻した。同じ三村一族でも、成羽《なりわ》城（岡山県高梁市）の三村親成《ちかなり》は、元親と袂を分かち毛利氏につく。

天正三（一五七五）年五月、毛利軍と親成は、元親が守る備中松山《びっちゅうまつやま》城（岡山県高梁市）をはじめ、元親軍が守る城を次々と落としていった。

六月四日、隆徳と鶴姫がいる常山城にも、毛利軍六五〇〇人の軍勢が攻め込んできた。常山城の兵の数は不明だが、夜陰《やいん》にまぎれて城の外に脱出する者が絶えず、最後に残ったのはわずかな兵と女たちだけになった。

城が包囲されて二日後の夕方、毛利軍の総攻撃が始まる。隆徳は一族で自決する決断をする。翌日は、主従が今生《こんじょう》の別れと、朝から酒宴を催した。酒宴の声は賑やかだったが、声の多くが女たちだった。

酒宴が終わると、隆徳の継母が最初に、柱に刀の柄《つか》を固定させ、刃先に突進して胸を貫いた。続いて長男、二男、妹も自害した。戦国時代のならいとはいえ、目をおおうばかりの光景であった。

　このとき、一族が自害していく城内に、毛利軍の兵が押し入ってきた。鶴姫は、この行為に激怒する。

「敵兵一人討たずに自害するのは口惜しい」

常山城跡（上野隆徳・鶴姫夫妻の墓）

鶴姫は甲冑《かっちゅう》を着け、長刀《なぎなた》を抱えて敵前へ斬り込んでいこうとした。侍女たちが「人を討てば成仏《じゅぶつ》できませぬ。お心静かにご自害を」と止めるも、鶴姫は「この戦場こそが浄土、修《しゅ》羅《ら》の苦しみも極楽のいとなみ」と突っぱね、城の外に討って出た。これを見た侍女たちも、我先に駆け出していった。
　善戦むなしく、侍女たちのほとんどは斬り死にし、鶴姫ももうこれまでと覚悟して城に戻る。
　鶴姫は隆徳とともに、南無阿弥陀仏《なむあみだぶつ》を念じながら、太刀《たち》を口にくわえ、そのまま身をうつ伏せに倒して三三歳で命を絶った。妻の死を見届けた隆徳も自刃《じじん》し、常山城は落城した。

【所在地】岡山県玉野市宇藤木
【交通アクセス】JR宇野線「常山」駅から徒歩約五〇分で登城口、本丸まで徒歩約五〇分

# 犬山城と信長の乳母「養徳院」

## 戦国見届けた信長の乳母

養徳院《ようとくいん》は永正一二（一五一五）年、美濃《みの》国池田郡（岐阜県池田町）の小土豪《しょうどごう》だった池田政秀《まさひで》の子として生まれた（俗名は不詳）。政秀の勧めで、養徳院は滝川恒利《たきがわつねとし》を養子として迎え、結婚する。

その後、養徳院は恒利とのあいだに三人の男子を産んだが、三男の信輝《のぶてる》を産んだ天文五（一五三六）年、織田信秀《のぶひで》の嫡男《ちゃくなん》の吉法師《きっぽうし》（のちの信長）の乳母となる。

『池田家履歴略記』には、「吉法師はかんの強い子で、乳母の乳首をかみ切ってしまい、何人も乳母が交代した」と記されている。

養徳院は吉法師の乳母になるのに際し、生まれたばかりの信輝を連れて、織田氏の居城《きょじょう》である勝幡城《しょばた》（愛知県稲沢市）に入った。いままで乳母の乳首を何度もかみ切っていた吉法師だったが、養徳院の乳首はかまず、おいしそうに乳を飲んだという。そして、信輝と吉法師の二人は、養徳院の乳を飲みながら本当の兄弟のように仲良く成長していった。

恒利は、養徳院が吉法師の乳母として織田氏に仕えて四年後に病死する。このときから彼女は養徳院と号するようになったといわれている。信輝は元服すると、織田氏の家来として信長を支え続けた。元亀元（一五七〇）年、信長が犬山《いぬやま》城（愛知県犬山市）を手に入れると、信輝は犬山城の城主となる。この城で信輝は一一年間を過ごした。

木曽川から望む犬山城天守（国宝）

天正一〇（一五八二）年、信長が家臣の明智《あけち》光秀《みつひで》の謀叛により京都・本能寺で横死《おうし》すると、信輝は羽柴（のちの豊臣）秀吉に仕える。秀吉が織田信雄《のぶかつ》・徳川家康の連合軍と戦った天正一二（一五八四）年の小牧《こまき》・長久手《ながくて》の合戦では、信輝は先陣を務め討ち死にしてしまう。

このころ、養徳院は信長の乳母として、織田家中では「大御乳《おおおち》さま」と呼ばれ、一目置かれる存在だった。

秀吉は息子を亡くした養徳院に対して、「これからは自分を信輝と思って何でも頼ってくれ」という内容の手紙を送り、信輝の遺児の輝政《てるまさ》に大垣《おおがき》城（岐阜県大垣市）を与えた。

池田氏は、慶長五（一六〇〇）年の関ケ原の合戦では、徳川方（東軍）に味方する。このことで、養徳院は家康とも親交を深くする。

晩年は信輝の菩提を弔《とむら》いながら、慶長一三（一六〇八）年、九四歳でこの世を去った。

【所在地】愛知県犬山市犬山字北古券六五の二

【交通アクセス】名鉄犬山線「犬山遊園」駅から徒歩約一五分

# 佐賀城と鍋島清房の後妻「慶誾尼」

## お家のため押しかけ女房として家臣に嫁ぐ

佐賀城（佐賀県佐賀市）は、龍造寺《りゅうぞうじ》氏の居《きょ》城《じょう》であった村中《むらなか》城を、鍋島直茂《なべしまなおしげ》・勝茂《かつしげ》父子が拡張して、慶長一六（一六一一）年に近世城郭として築造したのが始まり。

龍造寺氏から鍋島氏への権力交代を、みずからの決断で実行したのが慶誾尼《けいぎんに》である。

慶誾尼は、永正五（一五〇八）年、龍造寺氏本家に生まれる。一八歳のとき、分家の龍造寺周家《ちかいえ》に嫁ぐと、隆信《たかのぶ》、長信《ながのぶ》の二人の男子を産んだ。

龍造寺一族の抗争で周家が亡くなると、隆信が龍造寺氏本家を継ぐことになり、未亡人となった慶誾尼も一緒に村中城に入城する。

弘治二（一五五六）年、慶誾尼は家臣の鍋島清房《きよふさ》の屋敷を訪れる。清房に対し、「そなたも七年前に妻を亡くして淋しかろう。私がよい相手を紹介しよう」と持ちかける。

清房は、主家の未亡人の話を断りきれず、再婚することを了解した。

婚礼の当日、花嫁を乗せた駕籠《かご》が鍋島氏の屋敷に到着。出迎えた清房は花嫁を見て仰天する。花嫁は慶誾尼本人だったからだ。慶誾尼は自分の容姿に自信があり、清房よりも年上であったが、押しかけ女房として嫁いだのである。

本来、主君の元正室が家臣の後妻《ごさい》になるなど、ありえないことであった。家中ではこの行動を非難する声もあったが、慶誾尼には目的があった。
隆信を支える優れた忠臣が必要と考え、清房の息子の直茂に目を付けたのだ。隆信と直茂は血のつながりはなくとも、二人を兄弟にすることで、龍造寺氏のお家の基盤の強化を図ることができると考えたのだ。

佐賀城（鯱ノ門と続櫓）

実際、直茂は隆信を助け、合戦の場でも活躍した。だが、天正一二（一五八四）年、隆信が有馬《ありま》・島津《しまづ》連合軍に敗れ、戦死する。慶誾尼は龍造寺氏の家督を継いだ孫の政家《まさいえ》を補佐するも、政家に龍造寺氏を継ぐ器量がないと判断するや、家督《かとく》を直茂に譲ることを決断する。

龍造寺氏のお家を守るために生きた慶誾尼は、慶長五（一六〇〇）年、佐賀城近くの水《みず》ケ《が》江《え》城（佐賀市）で亡くなった。九二歳という長寿だった。

慶長一四（一六〇九）年、勝茂が徳川家康の養女の菊姫《きくひめ》を正室に迎えた。家康はこの際、家臣に嫁ぎ、わが孫を当主から降ろし、お家の存亡の危機を救った慶誾尼の行動を称賛したといわれている。

【所在地】佐賀県佐賀市城内二の一八の一
【交通アクセス】JR長崎本線「佐賀」駅からバスで約一〇分「佐賀城跡」下車すぐ

# 岡山城と宇喜多直家の正室「お福」

悪名高い夫と仲睦まじく寄り添う

岡山城（岡山県岡山市）は、宇喜多直家《うきたなおいえ》が謀略をめぐらせ、家臣の金光宗高《かねみつむねたか》を切腹させて手に入れた城である。

当時、直家は悪名高く、「悪逆暴行」「獅子身中の虫」「逆臣」といったありがたくない異名《いみょう》を持った人物であった。

直家は、美作《みまさか》高田城（岡山県真庭市）の城主の三浦貞勝《さだかつ》の美貌の未亡人であったお福《ふく》にひと目惚れする。

お福は永禄二（一五五九）年、三浦貞勝と結婚したが、同八（一五六五）年に三村家親《みむらいえちか》に攻められると、貞勝が二二歳で自刃《じじん》したため、備前国《びぜんこく》（岡山県東南部）に逃れていた。

直家は、すぐにお福を気に入り正室とする。このとき、直家四一歳、お福二三歳だった。

直家はお福の願いを聞き入れ、貞勝を死に追いやった家親を暗殺する。さらに近隣の豪族を謀略・毒殺・裏切り・暗殺を駆使して、合戦なしで備前国を支配するまでに勢力を拡大した。

元亀三（一五七二）年、直家とお福とのあいだに嫡男の秀家《ひでいえ》が生まれる。二人の関係は良好で、つねに一緒に行動をしたようだ。

平成二六（二〇一四）年のNHK大河ドラマ「軍師官兵衛」では、直家を陣内孝則が、お福を笛木優子が演じている。

直家と官兵衛との交渉シーンでは、直家の

岡山城天守

体に、お福の妖艶《ようえん》な体がしなだれかかっていた。重大な事案の交渉時でさえ、つねにお福と一緒であったシーンがドラマのなかでも描かれていた。

天正一〇（一五八二）年、直家は岡山城で、五三歳で病死した。亡くなる間際、枕元に羽柴（のちの豊臣）秀吉を呼び、お福と幼少の秀家を託した。

女好きで有名な秀吉は、お福を気に入った。中国大返しの際にも、わざわざ岡山城で一泊している。お福は、お家安泰《あんたい》と幼少の秀家の将来を考え、秀吉に最高のもてなしをしたと考えられる。

秀吉は、山崎の合戦で明智光秀《あけちみつひで》に勝利すると、秀家を自分の養子にし、お福を側室にして大坂城（大阪府大阪市）に呼ぶ。

お福は茶々《ちゃちゃ》（のちの淀殿《よどどの》）に次いで、秀吉

に寵愛された側室だったようだ。

秀家が慶長五（一六〇〇）年の関ケ原の合戦で敗軍の将となり、八丈島に配流《はいる》となってからのお福の消息はわかっていない。

秀家に代わって岡山城に入城したのは、秀吉の正室の寧々《ねね》の甥で毛利《もうり》氏の親族である小早川《こばやかわ》氏を継いでいた小早川秀秋《ひであき》である、秀秋は領内の支城を廃して、天守をはじめとする建物を岡山城に移築し、城郭を重厚な構えとした。

だが、秀秋は関ケ原の合戦で、豊臣方（西軍）から徳川方（東軍）への寝返り者という世間の非難、汚名に耐えられなかったのか、家中は乱れ、重臣は離反し、入封《にゅうほう》からわずか二年後の慶長七（一六〇二）年、岡山城内にて二一歳という若さで病没してしまった。

【所在地】岡山県岡山市丸之内二の三の一
【交通アクセス】JR山陽本線・山陽新幹線「岡山」駅から路面電車「東山行き」で約五分「城下」下車、徒歩約一〇分

# 越前敦賀城と真田幸村の正室「竹林院」

## 「打倒徳川」父娘で運命に翻弄される

大谷吉継《おおたによしつぐ》の居城《きょじょう》として知られている越前敦《えちぜんつる》賀《が》城（福井県敦賀市）。今では市街地化して、まったくその姿を残していない。

天正一七（一五八九）年、吉継は、越前敦賀城に入城すると、大幅な改修工事を行ない、水城《みずじろ》として整備する。だが、吉継は豊臣政権下では大坂城（大阪府大阪市）に詰めることが多く、越前敦賀城で過ごすことはほとんどなかったようだ。

慶長五（一六〇〇）年六月、石田三成《みつなり》が、豊臣氏を崩壊させようと画策する徳川家康の打倒を訴えて立ち上がる。すると、三成の盟友でもある吉継は、「三成に勝機なし」と説得するも、三成の固い決意を知り、関ケ原の合戦では、豊臣方（西軍）に与《くみ》し、戦死する。その後、大谷氏は家康によって改易《かいえき》となった。

吉継に何人の子供がいたかは不明だが、そのなかの娘の一人が、真田幸村《さなだゆきむら》の正室となったお利世《りせ》（のちの竹林院《ちくりんいん》）である。

平成二八（二〇一六）年のNHK大河ドラマ「真田丸」では幸村を堺雅人、竹林院を松岡茉優が演じている。

幸村と吉継との出会いは、天正一四（一五八六）年、幸村が豊臣秀吉の命令で、大坂城に人質として送られてきたときが最初といわれている。

その後、合戦の場を通じて、真田氏と大谷

越前敦賀城跡

氏は親交を深くしていった。そして、幸村の武将としての能力を高く評価していた吉継は、文禄三（一五九四）年、幸村のもとに竹林院を嫁がせた。

関ケ原の合戦では、幸村は、吉継と同じく豊臣方に味方したため、父の真田昌幸《まさゆき》とともに九度山《くどやま》（和歌山県伊都郡）に配流《はいる》の身となる。

竹林院も幸村に従い行動をともにした。竹林院自身も幸村の武将としての能力を認めていたようだ。

九度山での生活は苦しく、家計を助けるために竹林院は、現在も残る「真田紐《さなだひも》」を考案し、家来たちに売りに行かせた。

幸村と竹林院の夫婦仲は良好で、九度山に配流中に五人の子供が生まれている。

慶長一九（一六一四）年、大坂城から幸村

のもとに一通の書状（大坂城への入城を促す手紙）が届くと、生活が苦しくても平和な日々を送っていた竹林院の運命をふたたび変える出来事が起きる。大坂冬の陣の勃発である。

幸村は竹林院を九度山に残したまま、大坂城に入城する。真田丸（出城《でじろ》）を築城し、徳川軍と互角に戦うも、豊臣方が徳川方と和睦《わぼく》したため、ふたたび九度山に戻ることになった。幸村は相当悔しがったといわれている。

大坂夏の陣では、幸村は大坂城の外に討って出て徳川軍と戦うも、最後は討ち死にしてしまう。

竹林院は、九度山を下山し、身を隠していた。だが、徳川軍に発見され、捕えられると、京の都に連れてこられ、監視下にしばらく置かれた。

その後は許され、晩年はひっそりと暮らしたといわれている。

【所在地】福井県敦賀市結城町

【交通アクセス】ＪＲ北陸本線「敦賀」駅から徒歩約二〇分

# 城井谷城と宇都宮鎮房の娘「お鶴」

## 秀吉に降伏 一三歳で人質に

城井谷城《きいだにじょう》（福岡県築上町）は、建久六（一一九五）年に鎌倉幕府から豊前守護職《ぶぜんしゅごしょく》に任ぜられた宇都宮信房《うつのみやのぶふさ》が築城し、宇都宮氏の居城《きょじょう》として栄えていた。

戦国時代になっても、宇都宮氏は、大友氏《おおとも》や島津《しまづ》氏の侵攻に対して城井谷城を守りぬいた。だが、天正一四（一五八六）年から始まる豊臣秀吉の九州征伐では、本領安堵《あんど》を条件に、宇都宮鎮房《ちかふさ》は秀吉に従うこととなった。

ところが、秀吉は約束を反故《ほご》にして、宇都宮氏に伊予国《いよ》（愛媛県）への転封《てんぽう》を命じたのだ。

鎮房は、一度は城井谷城を明け渡しが、先祖代々守ってきた所領を離れることに我慢できず、城井谷城を急襲し、奪回する。同時に、豊前最大の国人《こくじん》領主である宇都宮氏の蜂起に呼応する形で豊前国人一揆も発生した。

九州征伐後、秀吉から豊前国六郡を与えられていた黒田官兵衛《かんべえ》は、この事態を解決するため、秀吉に宇都宮氏の伊予国への転封の取り止めを願い出るが、認められず、逆に「宇都宮氏討伐」の命令が下る。

官兵衛の嫡男《ちゃくなん》である長政《ながまさ》が城井谷城に攻め込むと、宇都宮氏はゲリラ戦で黒田軍を翻弄し、一度はこれを撃退した。

だが最後は、ふたたび本領安堵を条件に、鎮房の一三歳になる娘のお鶴《つる》を人質に出すことを条件に和睦《わぼく》する。お鶴は、三人の侍女を連れ、完成したばかりの黒田氏の居城である中津城《なかつ》（大分県中津市）に人質として入城した。だが、中津城での人質生活は長くは続かなかった。

天正一七（一五八九）年四月二〇日、官兵衛が、秀吉の命令で、肥後国《ひご》（熊本県）の諸事置目《しょじおきめ》（仕置き）などを申し付けられ、留守にしていたとき、鎮房が長政へのあいさつと称して、中津城を訪れた際に事件が起きた。

鎮房のことをよく思っていなかった長政は、鎮房を部屋に通すと、この機会に、みずから刀を抜き殺害してしまったのだ。城下の合元寺《ごうがん》に留め置かれた家臣も殺害し、城井谷城の留守を預かっていた鎮房の父の長房《ながふさ》らも捕えた。

長政は秀吉の九州征伐後も、度重なる地元豪族の反乱への見せしめのため、宇都宮一族一三人を磔《はりつけ》にしたといわれている。

お鶴もこのときに一緒に磔にされたとする説もあるが、尼となり城井谷の山奥において、宇都宮氏のお墓を守りながら生き抜いたとする説もある。

【所在地】福岡県築上町寒田
【交通アクセス】ＪＲ日豊本線「築城」駅下車、バスで「上寒田」で下車、徒歩約四〇分

城井谷城跡

# 忍城と成田氏長の長女「甲斐姫」

武術・兵法に長け、城を守り抜く

直木賞候補にもなった和田竜氏の歴史小説『のぼうの城』の舞台となった忍城《おし》（埼玉県行田市）。

城主の成田氏長《なりたうじなが》の長女として生まれたのが甲斐姫《かいひめ》である。小説の映画化にあたっては、榮倉奈々が甲斐姫を演じた。

氏長は、男子が生まれなかったため、甲斐姫に武術や兵法を幼少のころから学ばせ、並みの男子では太刀打ちできないほどの強さを持つ姫武将へと成長していく。

加えて、その美しさは「東国一の美貌」とうたわれた。氏長は「なぜ、甲斐姫は女に生まれたのだ……」と悔し涙を流したという。

甲斐姫の名が世に広まったのは、天正一八（一五九〇）年六月から始まった豊臣秀吉による小田原攻めのときだ。

秀吉は、小田原城（神奈川県小田原市）の支城である忍城攻めの総大将を石田三成に任せる。

氏長は小田原城の籠城に参加していたため、三成軍を迎え撃つ忍城には、留守を預かる氏長夫人と一九歳になる甲斐姫が守った。

三成軍の水攻めによって、城内は水浸しになったが、中にいる者は高所に集まって耐え、一向に屈する気配がなかった。

逆に梅雨の季節だったため、急ごしらえの堤《つつみ》があちこちで決壊し、三成軍に多数の犠牲者が出る。

忍城御三階櫓

士気が低下していた三成軍に対して、甲斐姫はみずから甲冑《かっちゅう》を身に付け、成田氏に伝わる名刀「浪切《なみきり》」を携え、二〇〇余騎を率いて果敢に攻撃を仕掛けた。

「ひるむな！」と叫びながら、押し寄せる三成軍の将兵を次々となぎ倒していった。

また、合戦のない日は昼飯を抜く代わりに、夜回りには粥《かゆ》の夜食を出すなど、いかにも女性らしい配慮による軍律も定められていた。

三成軍が忍城攻めに難渋していた七月五日、北条《ほうじょう》氏が秀吉に降伏し、一一日には北条氏政《うじまさ》・氏照《うじてる》兄弟が切腹した。

忍城は籠城を続け、秀吉に帰順した氏長の勧告で、一六日になって開城した。小田原城の支城の中で最後まで堅塁《けんるい》を誇った城が忍城であった。

開城の際も、氏長夫人と甲斐姫は、甲冑を身に付けて馬に乗り、籠城した将兵に囲まれながら、城を後にしたと伝えられている。

その後、甲斐姫は蒲生氏郷《がもううじさと》に預かりの身となった。女好きで有名な秀吉が、甲斐姫を放っておくわけがなく、秀吉の側室として召し抱えられた。

秀吉の側室になってからの甲斐姫の消息は定かではない。

一説には、淀殿《よどどの》の信任を得て秀頼《ひでより》と側室のあいだに生まれた姫の養育係を務めたとも、大坂夏の陣の後、東慶寺《とうけい》（神奈川県鎌倉市）に入ったともいわれているが、どのような人生を送ったかは、謎のままである。

【所在地】埼玉県行田市本丸一七の二三
【交通アクセス】ＪＲ高崎線「行田」駅から市内循環バスで約三〇分「水城公園前」で下車すぐ

# 宇和島城と富田信高の正室（氏名不詳）

## 家康を感動させた妻の武勇

慶長五（一六〇〇）年、関ケ原の合戦の直前、伊勢国《いせ》（三重県中央）安濃津《あのつ》城（三重県津市）で、徳川方（東軍）と豊臣方（西軍）が激突する。

城を攻めるのは、毛利秀元《もうりひでもと》、長宗我部盛親《ちょうそかべもりちか》ら三万人の兵力を擁する西軍。

一方、東軍に味方する城主の富田信高《とみたのぶたか》のもとには、伊勢地方の諸将が集まったが、将兵はわずか一七〇〇人。数のうえでは西軍の勝利は間違いなかったが、簡単には城を落せなかった。

戦局に動きがあったのは、西軍の大砲による攻撃が始まってからだ。一気に櫓《やぐら》が破壊され、三ノ丸、二ノ丸まで西軍に侵入されてしまう。

そのため、信高は本丸から飛び出し、最後の決戦に挑もうとした。

味方が次々と潰滅するなか、信高は「もうこれまで」と覚悟を決め、自害を決意して本丸に戻ろうとした。

そのとき、一人の若武者が西軍に向かって斬りかかっていった。

『武功雑記《ぶこうざっき》』には、信高を救おうと出撃した若武者について、「緋縅《ひおどし》の具足《ぐそく》に半月を打った兜《かぶと》の緒《お》をしめ、片鎌《かたがま》の手槍を持ち、信高の前に進み出て槍を合わせ、たちまち五、六人を手負いにさせ、なお進んで戦う」とある。

若武者の正体は、信高の妻（氏名不詳）だ

宇和島城天守

った。

宇喜多直家《うきたなおいえ》の弟の安心入道忠家《あんしんにゅうどうただいえ》の娘で、このとき年齢は二〇代半ば。武芸に優れ、夫思いの女性だったようだ。

安濃津城の合戦は、最後は西軍から和睦《わぼく》の申し出を受け、開城する。

信高は戦に負けたが、東軍が関ケ原で勝利したため、安濃津五万石を安堵《あんど》された。

家康は信高の奮戦もさることながら、妻の武勇に感動したといわれている。

慶長一三（一六〇八）年、信高は伊予国《いよ》（愛媛県）宇和島藩一二万石に転封《てんぽう》となった。すると、しばらくして事件が起こった。

慶長一八（一六一三）年、信高は、妻の願いを聞き入れ、津和野《つわの》藩（島根県津和野町）で刃傷沙汰《にんじょうざた》を起こした妻の甥の左門《さもん》を匿《かくま》ったのだ。

これに怒った津和野藩主の宇喜多直盛《なおもり》（直高の妻の異母弟）は再三にわたり、左門の引き渡しを求め、徳川幕府にも訴え出た。

幕府は、左門を匿った信高を改易《かいえき》し、陸奥《むつ》国棚倉《たなくら》（福島県棚倉町）へ配流《はいる》にする。わずか五年間の宇和島城主だった。

直高にしてみれば、安濃津城の合戦で一度は死を覚悟した身である。配流になっても、妻を恨むことはなかった。

その後の信高夫婦の詳細な記録は残っていない。

【所在地】愛媛県宇和島市丸之内一
【交通アクセス】ＪＲ予讃線「宇和島」駅から徒歩約一五分で登り口。登り口から天守まで徒歩約二〇分

# 白石城と鬼の小十郎の後妻「阿梅姫」

## 家臣も知らなかった幸村の娘

白石《しろいし》城（宮城県白石市）は慶長七（一六〇二）年に、伊達政宗《だてまさむね》の右腕で「鬼の小十郎」と呼ばれた片倉小十郎重長《かたくらこじゅうろうしげなが》が入城してから約二六〇年、一〇代にわたり片倉氏の居城《きょじょう》となる。なお、「小十郎」は、代々の片倉氏の当主が踏襲して名乗ってきた。

徳川幕府は「一国一城令」によって、諸藩が複数の城を持つことを禁止したが、熊本藩の八代《やつしろ》城（熊本県八代市）などと並んで、白石城は例外扱いとされた。そのため、明治維新まで存続する。

慶長二〇（一六一五）年、重長は大坂夏の陣に政宗に従い出陣し武功を挙げる。すると、「大坂五人衆」の一人である真田幸村《さなだゆきむら》から「大坂城（大阪府大阪市）に一緒に入城している三女の阿梅姫《おうめひめ》を匿《かくま》ってほしい」という手紙を重長は受け取る。

重長は幸村の願いを聞き入れる。そして、政宗の許しを得ると、大坂城落城後に阿梅姫を白石城に連れて帰り、身分を隠して片倉氏の侍女とした。

片倉氏の家臣たちは、のちに真田氏の旧臣が白石城を訪れて初めて、阿梅姫が幸村の娘であったことを知ったという。

徳川幕府は大坂夏の陣の後、豊臣方の残党狩りを厳しく行なっている。幸村の遺児を匿えば、場合によっては、伊達氏は幕府から処罰を受ける可能性すらあった。

実際、幕府から伊達氏に対して調査があると、幕府旗本になっている真田幸隆《ゆきたか》の四男の信尹《のぶただ》の孫を養子にもらったなどと弁明し、幕府の追及をかわしている。

白石城天守

元和六（一六二〇）年、正室の指月院《しげついん》は江戸屋敷に滞在していたが、重長は阿梅姫を継室《けいしつ》として迎え入れた。このとき、重長三七歳、阿梅姫一七歳であった。指月院は寛永三（一六二六）年七月、江戸屋敷にて亡くなる。

もともと、指月院は病弱だったため、才色兼備の阿梅姫に対し、後妻になるように頼んだともいわれている。

阿梅姫は重長を支え、家臣からも慕われながら天和元（一六八一）年、七八歳で亡くなった。

現在、白石駅から約五百メートルの場所に阿梅姫の菩提寺の当信《とうしん》寺がある。阿梅姫の墓は如意輪観音像《にょいりんかんのんぞう》をかたどったもので、歯痛のため頬を押さえているように見える。このため、歯痛の妙薬として、墓石の表面を削って飲む人が多く、像の原形をとどめていない。

【所在地】宮城県白石市西益岡町六の五二

【交通アクセス】JR東北本線「白石」駅から徒歩約一〇分

# 宇都宮城と家康の長女「加納殿」

## 国替えに納得せず「本多氏謀反」を密告

徳川幕府第二代将軍の秀忠《ひでただ》は元和八（一六二二）年四月、家康の七回忌に日光東照宮の参拝を行なった。

行きも帰りも宇都宮城（栃木県宇都宮市）に宿泊する予定だったが、「宇都宮城主の本《ほん》多正純《だまさずみ》に、秀忠暗殺の陰謀あり」という密告が秀忠のもとに寄せられたため、帰りは宇都宮城には宿泊せず、江戸城（東京都）まで戻る。これが、俗にいう『宇都宮城釣天井《つりてんじょう》事件』である。

四カ月後、正純は幕府に対する謀叛の嫌疑をかけられ、本多氏は改易《かいえき》となる。城を没収されたうえで、正純は出羽《でわ》国（秋田県）の佐《さ》竹《たけ》氏に身柄を預けられた。

秀忠に密告したのは、家康の長女で、下総《しもうさ》国（千葉県北部）古河《こが》藩主だった奥平忠昌《おくだいらただまさ》の祖母の加納殿《かのうどの》だといわれている。

加納殿は永禄三（一五六〇）年、家康と築《つき》山《やま》殿（家康の最初の正室）とのあいだに生まれた。

天正四（一五七六）年、長篠《ながしの》の合戦の功労者である奥平信昌《おくだいらのぶまさ》と結婚した。

慶長五（一六〇〇）年の関ケ原の合戦後は、長男の家昌《いえまさ》とともに下野《しもつけ》国（栃木県）宇都宮に入封《にゅうほう》する。

その後二〇年余りかけて、城と城下町の整備に力を尽くしたが、正純の宇都宮入封で、古河に転封《てんぽう》となった。

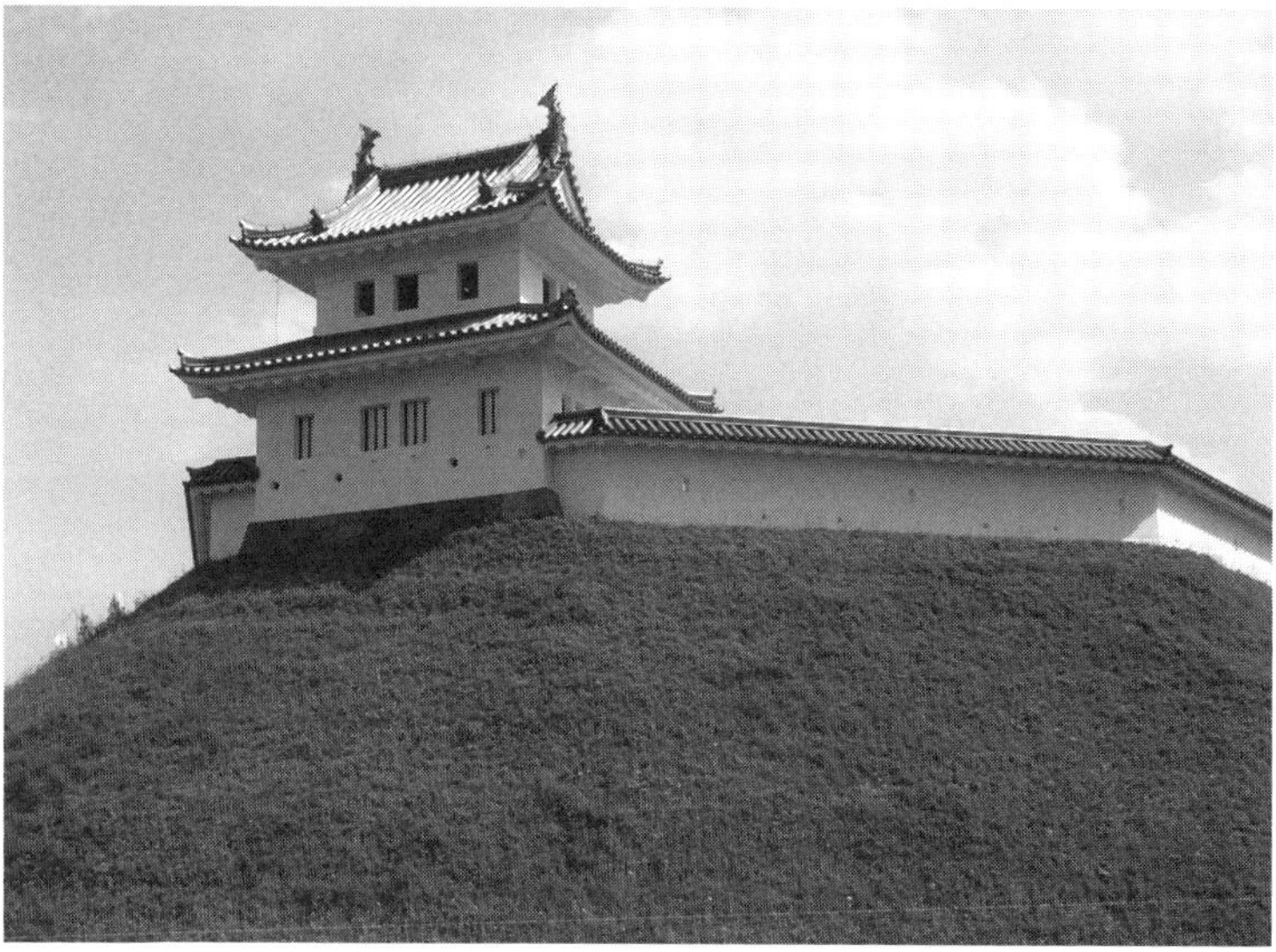

宇都宮城清明台櫓

このことに加納殿は納得していなかった。忠昌が七歳で宇都宮藩主に就任した時点で、幼少を理由に転封になるならまだしも、家康が死んだあとで転封になったことも、我慢がならなかったようだ。

加えて、奥平氏が宇都宮一〇万石だったのに、正純が宇都宮に入封すると、一〇万石から一五万石に加増されたことも、腹立たしく思っていた。

そのため、加納殿は城内の調度品から建具、畳、庭木、庭石までも、残さずすべてを転封の際、古河に運んでしまう。

武家諸法度《ぶけしょはっと》では、国替えの際、私物以外はそのまま新入封の家中のために残して立ち去るようにと定められていた。

しかし、家康の長女ということで、秀忠も咎《とが》めることができなかった。

正純失脚後は、ふたたび奥平忠昌が宇都宮に入封する。

だが実際のところ、加納殿が正純を恨み、秀忠に「正純謀反説」のデマを吹き込んだとしても不思議ではないが、確証があるわけではない。

幕府内で台頭してきた土井利勝《どいとしかつ》らが、その存在を煙たく思っていた正純の追い落としを狙ったものだとする説もある。

加納殿は、忠昌の後見役《こうけんやく》として宇都宮藩を支え続け、寛永二（一六二五）年、六六歳で亡くなった。

【所在地】栃木県宇都宮市本丸町
【交通アクセス】ＪＲ東北新幹線・東北本線「宇都宮」駅から循環バスで約一五分「宇都宮城址公園入口」下車すぐ

# 国分城と島津家久の正室「亀寿」

## 夫を許せず養子に家宝を譲る

亀寿《かめじゅ》は、元亀二（一五七一）年、島津《しまづ》氏一六代当主の義久《よしひさ》の三女として生まれる。

天正一五（一五八七）年、島津氏が豊臣秀吉の九州征伐に降伏すると、一七歳となった亀寿は人質として大坂城（大阪府大阪市）に送られた。二年間の人質生活を終えると、義久の弟で、島津氏一七代当主の義弘《よしひろ》の長男である久保《ひさやす》と結婚する。

義久には男子がなく、長女も次女も島津氏の分家に嫁いでいたため、三女の亀寿が久保を婿に迎え入れ、本家を継ぐことになった。

ただ、久保が朝鮮出兵（文禄の役）の際、戦地で病死したため、わずか四年の結婚生活だった。

未亡人となった亀寿は、秀吉から久保の弟の家久《いえひさ》との結婚を勧められて再婚する。家久は、亀寿が五歳も年上の従姉で、容姿もよくなかったため躊躇《ちゅうちょ》したが、次代の島津氏当主の座が保障されるので結婚を決めた。結婚後の夫婦中は決してよくはなかったようだ。

慶長五（一六〇〇）年の関ケ原の合戦では、島津氏は豊臣方（西軍）に属したが、義弘にかわって家久が徳川家康に謝罪すると、本領安堵《あんど》される。

家久と亀寿のあいだになかなか子供が生まれなかった。このため、家久は慶長一五（一六一〇）年、家康を駿府《すんぷ》城（静岡県静岡市）に訪ねると、徳川幕府第二代将軍の秀忠《ひでただ》の二男の忠長《ただなが》を養子にほしいと無理を承知で申し出た。
　当然、断られたが、家久の目的は別にあった。自分が婿で側室を置くことができなかったため、家康の口から側室を置く許しを得たかったのだ。

国分城朱門

　家久は側室を持てるようになると、側室を鹿児島城（鹿児島県鹿児島市）に住まわせ、義父の義久が居城《きょじょう》としていた国分《こくぶ》城（同県霧島市）に亀寿を追いやってしまう。
　亀寿は家久の仕打ちに我慢できなかった。
　子供のいなかった亀寿は、家久への反発から元和八（一六二二）年、一番上の姉の御平《おひら》の孫である光久《みつひさ》を、みずからの養子とすると、島津氏の家宝を譲り、次代の当主に指名したのである。
　亀寿は死の間際にも、「島津氏の家系図は決して夫である家久には渡さぬように」と遺言を残し、家久の冷遇に耐えながら六〇歳で亡くなった。

【所在地】鹿児島県霧島市国分中央二の五の一
【交通アクセス】ＪＲ日豊本線「国分」駅から徒歩約一五分

# 高遠城と徳川秀忠の子を産んだ「お志津の方」

## 将軍の子として大名家の養子に

武蔵板橋の大工の家に生まれたお志津《しづ》の方《かた》は、江戸城（東京都）で、徳川幕府第二代将軍の秀忠《ひでただ》に見染められ、懐妊してしまう。

当時、大奥はつくられておらず、大姥局《おおうばのつぼね》が秀忠の乳母として絶大な力を誇示し、その下で、女中奉公していたお志津の方に秀忠が手をつけて、妊娠させたのだった。

本来であれば、将軍の血を引く子が生まれるわけであり、誰もが祝福するところであるが、秀忠は嫉妬深い正室のお江《ごう》の怒りを恐れて、お志津を実家に帰す。

お江は秀忠よりも六歳年上で、側室を持つことを嫌っていたため、秀忠には側室は一人もいなかった。「お志津の方が懐妊した」という話が、お江の耳に入った場合でも、お志津の方に危害が及ばないための措置であった。

それでも心配な秀忠は、老中《ろうじゅう》の土井利勝《どいとしかつ》と大姥局に相談し、八王子に隠棲していた武田信玄《しんげん》の娘の見性院《けんしょういん》と信松尼《しんしょうに》に、お志津の方を託した。

慶長一六（一六一一）年、お志津の方は無事に男子を出産。生まれた子は幸松《こうまつ》と名付けられた。お志津の方は幸松を産んでからも、見性院と信松尼に預けられていた。

幸松が七歳になったとき、このままでは立派な武士に成長しないとして、武田氏旧臣で高遠城《たかとお》（長野県伊那市）の城主である保《ほ》科正光《しなまさみつ》の養子となる。

この養子縁組は徳川幕府の後押しもあり、正光は将軍の子と知ったうえで、幸松を養子にした。

お志津の方は幸松と一緒に高遠城に入ると、穏やかな日々を過ごす。幸松が二一歳のときに養父の正光が亡くなる。寛永八（一六三一）年、高遠藩を継ぎ、正之《まさゆき》と名乗った。

高遠城跡（本丸の空堀）

翌年、秀忠は五四歳で亡くなる。すでにお江は亡くなっていたが、秀忠はお志津の方とも正之とも対面することはなかった。お志津の方は秀忠が亡くなると、剃髪《ていはつ》して浄光院《じょうこういん》と号するようになる。

一方、正之は、兄である第三代将軍の家光《いえみつ》との対面を果たすと、将軍の弟として、良き相談役として家光を支える役目を担うようになった。

寛永一二（一六三五）年九月一七日、お志津の方は、家光を支える正之の姿を見守りながら、高遠城にて五二歳の生涯を終えた。

現在、高遠城には、明治時代に一五〇〇本あまりのコヒガンザクラが植えられ、日本有数の桜の名所となっている。

【所在地】長野県伊那市高遠町東高遠城跡
【交通アクセス】ＪＲ飯田線「伊那市」駅からＪＲバスで約二五分「ＪＲ高遠」駅下車、徒歩約一五分

# 黒井城と斎藤利三の娘「春日局」

## 「大奥」の基礎を築く

黒井城《くろい》（兵庫県丹波市）は、築城年代は不明だが、南北朝時代に赤松貞範《あかまつさだのり》によって築かれたのが始まり。その後、戦国時代に赤井《あかい》氏の居城《きょじょう》となった。

天正五（一五七七）年一〇月に始まった明《あけ》智《ち》光秀《みつひで》による丹波国《たんば》（京都府中部・兵庫県北東部・大阪府北部）攻略の際、赤井直義《なおよし》は降伏し、黒井城は落城した。光秀家臣の斎藤利《とし》三《みつ》が城主となり、現在に残る城の規模に拡張された。

利三の娘である春日局《かすがのつぼね》は天正七（一五七九）年、黒井城で生まれた。

春日局は、歴史ドラマや映画などで多くの女優が演じている。昭和五九（一九八四）年に放送されたNHK大河ドラマ「春日局」では、大原麗子が春日局を演じ、平均視聴率は大河ドラマの歴代三位となる三二・四パーセントを記録した。

ちなみに、春日局という名前は、のちに朝廷から賜った称号で、本名は斎藤福《ふく》という。

天正一〇（一五八二）年六月二日、利三は光秀に従い、京都・本能寺で織田信長を討つが、山崎の合戦で羽柴（のちの豊臣）秀吉に敗れると、捕えられ処刑された。

春日局は黒井城から母方の実家である稲葉《いなば》氏に引き取られ、親戚にあたる三条西公国《さんじょうにしきんくに》に養育される。

成人となった春日局は、伯父の稲葉重通《しげみち》の

養女となり、稲葉氏の縁者で小早川秀秋《こばやかわひであき》の家臣だった稲葉正成《まさなり》の後妻となった。

　正成は慶長五（一六〇〇）年の関ケ原の合戦において、秀秋を説得して小早川軍を徳川方（東軍）に寝返らせ、徳川家康を天下人に導いた功労者の一人となる。

黒井城跡

　慶長九（一六〇四）年、徳川幕府第二代将軍の秀忠《ひでただ》の嫡男《ちゃくなん》の家光《いえみつ》の乳母に任命されると、春日局は正成と離婚する。

　春日局は、江戸城（東京都）に入ると、家光の乳母の立場を利用し、一定の権勢を保持した。のちに「大奥」という区画の基礎を築き、老中《ろうじゅう》の松平信綱《まつだいらのぶつな》、兵法指南役の柳生宗矩《やぎゅうむねのり》とともに家光を支えた「鼎《かなえ》の脚《あし》」の一人に数えられる。

　息子の稲葉正勝《まさかつ》も家光の小姓《こしょう》に取り立てられ、元和九（一六二三）年、老中に就任した。寛永九（一六三二）年には相模《さがみ》国（神奈川県）小田原藩主になっている。

　春日局は、徳川幕府の創成期を支えながら、寛永二〇（一六四三）年九月一四日、六四歳で亡くなった。

【所在地】兵庫県丹波市春日町黒井
【交通アクセス】JR福知山線「黒井」駅から登山口まで徒歩約一〇分

# 小田原城と今川氏真の正室「早川殿」

## 盛大な嫁入り行列

小田原城（神奈川県小田原市）は、戦国大名の草分けである北条早雲《ほうじょうそううん》から始まる北条氏（鎌倉幕府執権を務めた北条氏と区別するため、後北条氏とも呼ぶ）の居城《きょじょう》として知られている。

北条氏は二代の氏綱《うじつな》、三代の氏康《うじやす》、四代の氏政《うじまさ》、五代の氏直《うじなお》と続き、九六年間にわたって君臨し、戦国時代屈指の堅固な大城郭《じょうかく》都市を完成させた。

『北条五代記』によると、小田原城の最盛期には、「東西五〇町、南北七〇町、周囲五里」と記されている。当時、大坂城（大阪府大阪市）をしのぐ広大さであったようだ。

小田原は現在の関東地方に重なる「関八《かんはっ》州《しゅう》」の政治・経済の中心であり、京都との往来も多くなり文化・産業が発達し、関東一の賑いを呈していた。

早川殿《はやかわどの》は北条氏康の長女として生まれる（生年不詳）。

天文二三（一五五四）年、領地が隣接する武田氏、今川氏、北条氏の三氏は、お互いの利益のために同盟を結ぶ。

この同盟は甲斐《かい》国（武田領・山梨県）、相《さ》模《がみ》国（北条領・神奈川県）、駿河《するが》国（今川領・静岡県中部・東北部）の頭文字をとって、「甲相駿《こうそうすん》三国同盟」と呼ばれた。

そして、同盟を維持するために、早川殿は今川義元《よしもと》の嫡男《ちゃくなん》の氏真《うじざね》と政略結婚させられ

小田原城天守

る。

その際の嫁入りの行列は盛大なものであったようで「お供の者たちは綺麗に飾り、色々の道具持参で前代未聞の見物だった」という記録が『妙法寺記《みょうほうじき》』に残されている。

永禄元（一五六八）年一二月、武田信玄《しんげん》が同盟を破り、駿河国に侵攻する。

早川殿は氏真とともに駿府城《すんぷ》（静岡県静岡市）を脱出し、掛川城《かけがわ》（同県掛川市）に逃れる。

信玄が同盟を破ったことに早川殿の父である氏康は激怒し、武田氏との同盟を破棄した。

そして、上杉謙信《けんしん》と同盟（越相同盟）を結び、今川氏を救うために駿河国に兵を進めた。

その後、早川殿と氏真は北条氏を頼り、小

田原の早川に移り住む。このときから「早川殿」と呼ばれるようになったようだ。

元亀二（一五七一）年一〇月、氏康が亡くなると、早川殿と氏真は小田原を離れ、徳川家康を頼って浜松で暮らす。

天正一八（一五九〇）年ごろ、京都に移り住んだが、慶長一七（一六一二）年に江戸に移る。翌年二月一五日、氏真に先立って亡くなる。

ちなみに、甲相駿三国同盟で成立した三組の夫婦のなかで、離縁しなかったのは早川殿と氏真だけだ。

【所在地】神奈川県小田原市城内六の一
【交通アクセス】ＪＲ東海道本線・東海道新幹線・小田急小田原線「小田原」駅から徒歩約一〇分

## 和歌山城と徳川義直の正室「春姫」

### 石垣に豊臣、浅野、徳川の面影

豊臣秀吉の弟の秀長《ひでなが》は、紀州《きしゅう》攻めで武功を挙げると、一〇〇万石を与えられ、天正一三（一五八五）年から和歌山城（和歌山県和歌山市）の築城を開始した。

秀長自身は大和郡山《やまとこうりやま》城（奈良県大和郡山市）を居城《きょじょう》としたので、城代《じょうだい》として桑山重晴《くわやましげはる》が和歌山城に入城する。

慶長五（一六〇〇）年の関ケ原の合戦後、徳川方（東軍）に属した浅野幸長《あさのゆきなが》が、三七万六〇〇〇石で和歌山城に入城すると、二代一九年間にわたって在城した。そして、幸長の二女として、慶長八（一六〇三）年に生まれたのが春姫《はるひめ》である。

春姫は、元和元（一六一五）年四月一二日、徳川家康の九男で、尾張《おわり》徳川氏初代藩主の義直《よしなお》と結婚する。このとき、義直は一六歳、春姫は一四歳であった。

家康は両家の婚礼のため、駿府《すんぷ》城（静岡県静岡市）を出発し、四月九日に名古屋城（愛知県名古屋市）二ノ丸に入る。

春姫は、四月一二日に和歌山城を出発し、桑名から熱田へ船で渡り、名古屋城下の本町通りから名古屋城本丸に入輿《じゅよ》して、婚礼の儀が執り行なわれた。

嫁ぐに際し、春姫は、家康に白銀二〇〇〇両・小袖一〇、義直の母のお亀《かめ》の方《かた》に白銀一〇〇〇両・小袖一〇をそれぞれ進上した。この婚礼には、豊臣秀頼《ひでより》からも祝儀物が名古屋

和歌山城天守

城に届けられた。

春姫の嫁入りが、現在の名古屋の豪華な結婚式の始まりだともいわれている。

翌日、家康は、本丸で義直と春姫から婚礼が無事に終わったことの報告を受けた。

このとき、家康は、徳川幕府第二代将軍の秀忠《ひでただ》に次いで、義直を寵愛しており、初々しい二人の姿を見て上機嫌だったようだ。

義直と春姫は政略結婚でも、仲の良い夫婦であった。

だが、寛永一四（一六三七）年、春姫は三五歳という若さで亡くなる。

二人のあいだには子供が生まれなかったが、義直は春姫が亡くなるまで側室を置こうとはしなかった。

ちなみに、のちに浅野氏に代わって元和五（一六一九）年に伊勢国《いせ》（三重県）を加えて五五万五〇〇〇石で和歌山城に入城したのが、家康の十男の紀伊《きい》徳川氏初代藩主となる頼宣《よりのぶ》である。

和歌山城の見どころは、豊臣時代の「野面積《のづらつみ》」、浅野時代の「打込《うちこみ》ハギ」、徳川時代の「切込《きりこみ》ハギ」が混在する石垣群である。

【所在地】和歌山県和歌山市一番丁三
【交通アクセス】ＪＲ紀勢本線「和歌山」駅・南海本線「和歌山市」駅からバスで約一〇分「公園前」下車、徒歩すぐ

## 主な引用・参考文献

『日本の城の謎』（井上宗和・祥伝社）
『日本の城の秘密』（井上宗和・祥伝社）
『日本の城郭　築城者の野望』（西野博道・柏書房）
『日本の城郭　名将のプライド』（西野博道・柏書房）
『名城発見』井沢元彦・ＫＫベストセラーズ）
『城と姫　泣ける！戦国秘話』（楠戸義昭・新人物往来社）
『物語　戦国を生きた女１０１人』『歴史読本』（編集部編・新人物文庫）
『戦国　名城の姫たち』（楠戸義昭・静山社文庫）
『47都道府県の戦国姫たちの野望』（八幡和郎・講談社）
『図説　見取り図でわかる日本の城』（歴史の謎研究会編・青春出版社）
『思城居（おもしろい）男はなぜ城を築くのか』（濱口和久・東京コラボ）
『探訪　日本の名城　戦国武将と出会い旅（上巻）』（濱口和久・青林堂）
『探訪　日本の名城　戦国武将と出会い旅（下巻）』（濱口和久・青林堂）
雑誌『日本の籠城戦』（双葉社）
雑誌『女たちの戦国時代』（洋泉社ＭＯＯＫ）
雑誌『流血の歴史ミステリー日本の城』（ダイアプレス）
インターネットサイト　戦国武将録「戦国武将人名事典」
インターネットサイト　女性戦国武将列伝Ω

# おわりに——熊本地震で被害を受けた熊本城への思いを込めて

平成二八（二〇一六）年四月一四日（マグニチュード六・五）、一六日（マグニチュード七・三）と二度にわたり震度七の地震が熊本地方を襲った。

熊本のシンボルである熊本城（熊本県熊本市）も天守や重要文化財の櫓《やぐら》や石垣に大きな被害がでたことは記憶に新しいところだ。熊本城総合事務所によると、熊本城の被害額は六三四億円。熊本出身の私は、変わり果てた熊本城の姿にすごくショックを受けている。とくに天守の姿は、見るに堪えない状態だ。

熊本城が地震によって被害を受けたのは、今回だけではない。一二七年前の明治二二（一八八九）年七月二八日に起きたマグニチュード六・三（震度不明）の「明治の熊本地震」のときにも、石垣などに大きな被害がでた。

熊本市は一一月一日、「明治熊本地震」で石垣などが崩壊した熊本城の被災状況を旧日本陸軍が明治天皇に報告した史料の一部を公開した。今回の地震で被害が確認された箇所と七七・一パーセントが重複しているという。史料は破損した場所と被害面積を記した毛筆の文書と、カラーの絵図で、宮内庁書陵部宮内公文書館（東京）に保管されていた（「西日本新聞」平成二八年一一月一日付夕刊）。

地震が起きるまでは、最近の歴史ブームや城ガールの登場もあり、多くの観光客が熊本城を訪れていた。私も小さいときに両親に連れられて行ったり、学校の遠足やスケッチ大会などでも行ったものだ。

熊本城は築城の名手とうたわれた加藤清正《きよまさ》によって築かれた難攻不落の堅固な城だった。日本全国には数多くの城が築かれたが、熊本城は一大名の築いた城のなかでは最大規模の城であり、熊本城の外周を歩いてみると、堅固な城であったことを実感することができる。また、清正は熊本ではいまだに「清正公《せいしょうこう》」という呼び名で愛されている。

明治一〇（一八七七）年の西南戦争では、西郷（隆盛）軍は一万三〇〇〇人の兵力と六〇門の大砲を持って熊本城を攻めた。一方の熊本城を守る官軍（明治政府軍）は、谷干城《たにかんじょう》率いる三四〇〇人の鎮台兵《ちんだいへい》で、大砲の数も西郷軍の半分以下であった。

西郷軍は五〇日余にわたって城を攻めたが、城はびくともせず、誰一人として城内に侵入することができず、撤退を余儀なくされる。

本文でも説明した「武者返し」が実戦で如何《いかん》なく発揮されたのは、意外にも築城から二七〇年を過ぎた西南戦争のときだった。

西郷は終焉の地である鹿児島の城山《しろやま》で「私は官軍に負けたのではない。清正公に負けたのだ」という言葉をつぶやいたともいわれている。

ただ、西郷軍が総攻撃を仕掛ける三日前、原因不明の出火によって、熊本城の大天守と小天守など本丸部分のほとんどを焼失した。今回の熊本地震で被害を受けた天守は、昭和三五（一九六〇）年に外観復元されたものだ。

熊本城は地震によって天守が被害を受けたが、大東亜戦争では、名古屋城（愛知県名古屋市）、岡山城（岡山県岡山市）、福山城（広島県福山市）、和歌山城（和歌山県和歌山市）などが、米軍の空襲により天守を焼失した。広島城（広島県広島市）にいたっては、原爆投下により焼失している。これらの天守も、昭和三〇年代から四〇年代にかけて再建されている。

熊本城の完全な修復には、崩れ落ちた石や木材を再利用して進めなければならず、二〇年以上かかるといわれているが、天守は城のシンボルであり、まずは天守の再建が待ち遠しい。熊本の人たちも、私の気持ちと同じだと思う。

一方、明治の廃城令や戦災等を免れ、築城当時の姿を残している現存天守が聳《そび》える城は日本全国に一二カ所ある。
弘前城（青森県弘前市）・松本城（長野県松本市）・丸岡城（福井県坂井市）・犬山城（愛知県犬山市）、彦根城（滋賀県彦根市）・姫路城（兵庫県姫路市）・備中松山城（岡山県高梁市）・松江城（島根県松江市）・伊予松山城（愛媛県松山市）宇和島城（愛媛県宇和島市）・高知城（高知県高知市）・丸亀城（香川県丸亀市）だ。

これらの現存天守は、日本を代表する歴史遺産だと私は思う。とくに私は松本城と伊予松山城の現存天守が大好きだ。

ところで、名城の定義というものはあるのだろうか。当然、私は地震で大きな被害を受けた熊本城も名城だと思っているが、人それぞれ好みによって名城の定義は違ってくるだろう。他人に自分の好みを強制するつもりはないし、自分が名城と思う城が名城なのではないだろうか。

私は夕刊フジに「名城と女」を連載する前は、「探訪 日本の名城」を同紙に連載していた。この連載も『探訪　日本の名城　戦国武将と出会う旅』（青林堂）というタイトルで上下巻に分けてすでに出版している。本書を読んだ後、この二冊もあわせて読んでもらえれば、より一層、城をめぐるときの楽しみが増してくると思う。

また現在も、夕刊フジに「名城と事件」を連載中だ。

本書は歴史学者が書いた城の本ではない。子供のころから城が大好きで、カメラ片手に日本全国の城に出かけて行く城郭《じょうかく》研究家が書いた一冊であることを、ご理解いただきながら最後まで読んでもらえれば大変光栄である。

濱口和久

**濱口 和久（はまぐち・かずひさ）**
昭和43年10月14日、熊本県菊池市生まれ。熊本県立菊池高校卒。防衛大学校（37期）材料物性工学科卒。防衛庁陸上自衛隊第3施設群、日本政策研究センター研究員、栃木市首席政策監、國學院栃木短大講師、拓殖大学日本文化研究所客員教授などを経て、現在は防災・危機管理教育アドバイザー、拓殖大学地方政治行政研究所附属防災教育研究センター副センター長（客員教授）、一般財団法人防災教育推進協会常務理事・事務局長を務める。平成17年には領土問題への取り組みが評価され、日本青年会議所第19回人間力大賞「会頭特別賞」を受賞。主な著書として『祖国を誇りに思う心』（ハーベスト出版）、『思城居（おもしろい）男はなぜ城を築くのか』（東京コラボ）、『だれが日本の領土を守るのか？』（たちばな出版）、『探訪 日本の名城 戦国武将と出会う旅（上巻・下巻）』（青林堂）、『日本の命運 歴史に学ぶ４０の危機管理』（育鵬社）などがある。夕刊フジに「名城と事件」を連載中。

戦国の城と59人の姫たち
―もう一つの名城物語―

2016年12月10日　印刷
2016年12月15日　発行

編著者　濱口和久
発行者　奈須田若仁
発行所　並木書房
〒104-0061東京都中央区銀座1-4-6
電話(03)3561-7062　fax(03)3561-7097
www.namiki-shobo.co.jp
印刷製本　モリモト印刷

ISBN978-4-89063-346-3